LE GENIE DES GLACIERS
L'innovation pédagogique

Mémento ACRC POUR BTS MUC

MARIE-CAMILLE DEBOURG

Dépôt légal : 3ème trimestre 2005

AVANT-PROPOS

Cet ouvrage s'adresse aux étudiants de BTS Management des Unités Commerciales. Il est adapté à la préparation du stage de 1ère année et à l'épreuve orale d'ACRC : Analyse et Conduite de la Relation Commerciale, qui évalue les compétences acquises au cours de la première année.

(1) Temps de préparation

BTS Management des unités commerciales			Voie scolaire, apprentissage, formation professionnelle continue, enseignement à distance, candidats justifiant 3 ans d'expérience professionnelle		Formation professionnelle continue dans des établissements publics habilités
Épreuves	**Unités**	**Coef.**	**Forme ponctuelle**	**Durée**	**Evaluation en cours de formation**
E1 Français	U1	3	Écrite	4h	4 situations d'évaluation
E2 Langue vivante étrangère 1	U2	3	Écrite Orale	2h 20min(1) +20min	4 situations d'évaluation
E3 Économie droit	U3	3	Écrite	4h	3 situations d'évaluation
E4 Management et gestion des unités commerciales	U4	4	Écrite	5h	
E5 Analyse et conduite de la relation commerciale	U5	4	Orale	45min (1) + 45min	3 situations d'évaluation
E6 Projet de développement d'une unité commerciale	U6	4	Orale	40min	2 situations d'évaluation
Épreuve facultative					
EF1 Langue vivante étrangère 2	UF1	1	Orale		Ponctuelle orale

L'épreuve orale repose sur un dossier descriptif des activités et missions réalisées en entreprise.

L'objet de cet ouvrage est donc de présenter une méthodologie de travail et des conseils pour :

- réaliser des actions et réussir son stage de 1ère année en Unité Commerciale
- concevoir le dossier support de l'épreuve d'ACRC
- préparer l'épreuve orale de l'examen.

Il propose par ailleurs un ensemble de fiches outils pour être rapidement opérationnel et travailler avec professionnalisme. Pour acquérir ou réviser les connaissances théoriques, il convient de se reporter aux manuels correspondant DUC (réf. Ex50), GRC (réf. Ex48), MGUC (réf. Ex49).

L'épreuve d'ACRC permet d'évaluer les aptitudes du candidat à prendre en responsabilité des activités courantes dans une Unité Commerciale, (c'est-à-dire le travail réalisé au cours du stage de 1ère année) et la maîtrise de connaissances mobilisées dans ce cadre.

SOMMAIRE

I- Les missions et stages en entreprise

II- Le dossier

III- L'examen

SOMMAIRE

IV- Les fiches outils

Savoir Communiquer

Savoir être

Savoir manager

SOMMAIRE

SOMMAIRE

V- Les documents annexes

OFFREZ-VOUS LE MEILLEUR !

LES MÉMENTOS DE REVISION DU GENIE DES GLACIERS

Gestion de la relation commerciale BTS MUC

DEBOURG Marie-Camille
CLAVELIN Joël
PERRIER Olivier
Le mémento - 12 €

Réf : ex48 - isbn : 2-84347-389-6

Les méthodes de vente • les UC physiques • les UC virtuelles • la zone de chalandise • le géomarketing • la concurrence • l'argumentaire commercial • les conditions de vente • le marchandisage • le marchandisage virtuel • la communication de l'UC...

Management des unités commerciales BTS MUC

DEBOURG Marie-Camille
CLAVELIN Joël
Le mémento -12 €

Réf : ex49 - isbn : 2-84347-390-x

MANAGEMENT DES UC : pouvoir et autorité • leadership • missions du manager... - GESTION DES UC : cycle d'exploitation • gestion des stocks • relations avec les banques • trésorerie...

Développement des Unités commerciales BTS MUC

DEBOURG Marie-Camille
CLAVELIN Joël • PERRIER Olivier
Le mémento - 12 €

Réf : ex50 - isbn : 2-84347-391-8

BASES DE LA MERCATIQUE : Démarche mercatique • Marché • Segmentation • Marque • Qualité... MERCATIQUE DES RESEAUX D'UC : Diversification • Stratégie d'assortiment • Positionnement • Communication média...

Mémento communication - négociation -

LEPAGE Olivier
Le mémento
Réf : ex51 - 12 €
isbn : 2-84347-397-7

Cet ouvrage est destiné à accompagner les étudiants de BTS NRC tout au long de leur formation et dans leur parcours en entreprise. Ce mémento répond aux 100 questions qui font le succès du commercial sur le terrain à travers 100 fiches synthétiques. Très concrètes, illustrées de nombreux exemples, elles permettent à l'étudiant d'atteindre la dimension professionnelle.

Au sommaire : 100 fiches d'action immédiate
MIEUX COMMUNIQUER : Comment devenir un meilleur émetteur ? • Qu'est-ce-que la PNL ? • Comment développer l'empathie ? • Comment développer l'assertivité ? • Qu'est-ce-que l'école de Palo Alto ? • Comment s'adapter ? • Qu'est-ce-qu'une stratégie de négociation ? • Comment reformuler ? • Comment parler mieux ? • Comment être positif ? • Comment gérer le stress ? • Comment résoudre un conflit ?...

MIEUX VENDRE : Comment exploiter une BDD ? • Comment créer un scénario téléphonique ? • Comment tenir un stand d'exposition ? • Comment établir le contact ? • Comment construire un plan de découverte ? • Comment argumenter ? • Comment conclure ? • Comment établir un compte-rendu de visite ? • Comment rédiger un contrat ? • Comment répondre à un appel d'offres ? • Comment négocier avec des particuliers ? • Avec des administrations ? • Avec des entreprises ?...

Fiches Marketing

Enseignement supérieur commercial

PARIS Catherine

Le mémento
Réf : ex20 - 12 €
isbn : 2-84347-312-8
418 pages

L'essentiel de la culture et des techniques commerciales résumé en 40 fiches synthétiques pratiques illustrées de nombreux exemples d'actualité. Destiné aux étudiants voulant réviser efficacement, cet ouvrage présente l'ensemble des notions à retenir pour les bac + 2 (BTS, DUT). Actualisé, avec un maximum d'exemples concrets, il est le compagnon idéal de la préparation aux examens. Il comporte de nombreux schémas et tableaux qui permettent de saisir immédiatement les enjeux essentiels du chapitre.
La nouvelle édition inclut plus de 100 pages de fiches "tendances" qui mettent en avant des concepts particulièrement novateurs : le marketing relationnel, la consommation éthique, les produits numériques, le low cost, le commerce équitable...

Mémento exo commerce BTS Tertiaires

Enseignement supérieur commercial

BEAUCHATON Marie

Le livre
Réf. : ex06 - 12 €
isbn : 2-84347-218-0
216 pages

150 exercices corrigés de gestion et de marketing.
Cet ouvrage est un outil de révision destiné à permettre à l'étudiant de compléter en autonomie sa préparation à l'épreuve d'étude de cas des BTS commerciaux (AC, FV, TC...) ou DUT. A travers 40 fiches, l'ensemble des chapitres de cours de commerce et d'outils de gestion sont abordés. Chaque fiche comprend les notions clés du cours à retenir, plusieurs exercices et les corrigés correspondants. Ce mémento permet ainsi de valider les acquis théoriques à travers des cas concrets.

OFFREZ-VOUS LE MEILLEUR !

MÉMENTO ECONOMIE-DROIT

BTS Tertiaires / DUT

Plus de 110 fiches de synthèse qui reprennent l'intégralité des programmes de droit, économie générale et économie d'entreprise des Bac + 2 tertiaires : BTS, DUT, DEUG...

Chaque fiche présente :
• un schéma qui présente les enjeux du sujet abordé,
• une synthèse des notions à retenir,
• une page d'actualité et de notions concrètes.

L'ouvrage contient également des conseils pour la préparation et la réussite des épreuves d'économie-droit des examens. Ce livre constitue l'outil efficace pour mémoriser les points clés du programme. A utiliser en outil de révision ou en complément de cours tout au long de la formation.

ALBA Marie-José
ALGALARRONDO France
BAPTESTE Dominique

Le mémento
Réf : ex03 - 11 €
isbn : 2-84347-407-8

ANNALES ECONOMIE-DROIT

BTS TERTIAIRES

Enseignement supérieur commercial

Ce mémento réunit 10 sujets d'annales des BTS Tertiaires et les conseils de base pour bien préparer l'examen, sur le même principe que les annales d'études de cas. C'est le compagnon attachant des révisions pour une réussite basée sur la méthode. En début d'ouvrage, les fiches méthodologiques permettent de concrétiser les techniques pour mieux traiter les sujets proposés. Chaque corrigé est accompagné de conseils et d'une grille d'évaluation très détaillée qui permet de comprendre tous les critères pris en compte par les correcteurs.

Le mémento
Réf : ex30 - 11 €
isbn : 2-84347-470-1
216 pages

LES ANNALES ETUDES DE CAS

BTS TERTIAIRES

Ces mémentos réunissent les cinq dernières études de cas des épreuves des BTS concernés et des conseils de base pour réussir l'examen.
Dans chaque corrigé : un barème de temps et de points, la réponse " telle qu'elle aurait pu être rédigée ", les points du programme concernés, les attentes des correcteurs, la méthodologie à suivre pour construire la réponse, une grille de notation très précise.

BTSAssistant de Gestion :
Réf : EX28 - Prix : 11 €
BTS Assistant de Direction :
Réf : EX31 - Prix : 11 €
BTS Commerce International :
Réf : EX32 - Prix : 11 €
BTS CGO - Comptabilité E4 :
Réf : EX39 - Prix : 11 €
BTS CGO - Informatique E5 :
Réf : EX40 - Prix : 11 €
BTS IG - Option Réseau :
Réf : EX43 - Prix : 11 €
BTS IG - Option Développement :
Réf : EX44 - Prix : 11 €

LES ANNALES TOUT EN 1

BTS TERTIAIRES

La collection "Annales TOUT en 1" a pour objectif de présenter l'ensemble des épreuves aux futurs candidats du BTS. Chaque titre rassemble l'ensemble des sujets écrits de la session 2002 (étude de cas, économie-droit, français, langue...), des exemples de sujets pour chaque épreuve orale (anglais, oraux professionnels...), des conseils pour bien se préparer, des indications sur le déroulement de chaque épreuve, les attentes du jury, les critères de notation...

Tout le BTS Assistant de Gestion :
Réf : EX35 - Prix : 11 €
Tout BTS Commerce International :
Réf : EX36 - Prix : 11 €
Tout BTS Assistant de Direction :
Réf : EX37 - Prix : 11 €
Tout le BTS CGO :
Réf : EX41 - Prix : 11 €
Tout le BTS IG :
Réf : EX45 - Prix : 11 €

Toutes les actualisations sur www.le-genie.com

BON DE COMMANDE

Vous pouvez vous procurer les ouvrages qui vous intéressent en retournant le bon de commande au verso accompagné du règlement correspondant à :

LE GÉNIE DES GLACIERS
38 avenue Jean Jaurès
73 000 Chambéry
Tel : 04 79 68 22 10
Fax : 04 79 68 22 11
www.le-genie.com

Frais d'envoi.

1 ouvrage :	2,5 €
2 ouvrages :	3 €
3 ouvrages :	4,5 €
4 ouvrages :	6 €
5 à 15 ouvrages :	7,5 €
plus de 15 ouvrages :	gratuit

Dom Tom :
Sur devis

Bon de commande

Réf.	Désignation	Quantité	Prix	Total

Total	
Participation port	
Total net à payer	

Nom	**Prénom**
Adresse	
Code postal	**Ville**
Vous êtes **enseignant** ☐	**étudiant** ☐
Section	**Ecole**
Département	**Ville**

Règlement : ❍ Chèque joint à la commande

❍ Carte bleue : n° |_|_|_|_|_|_|_|_|_|_|_|_|_|_|_|_|

date de validité |_|_|_|_|

❍ Contre-remboursement (+ 8 €)

REPÉREZ-VOUS !

Afin de vous repérer au fil des pages de ce mémento, nous avons placé cinq onglets.

1ère partie

Les missions et stages en entreprise

1 Le stage de 1ère année

Le stage en milieu professionnel est obligatoire pour les candidats au BTS Management des Unités Commerciales

1. Les objectifs

Afin de constituer un gage d'insertion professionnelle durable, le stage a pour objectifs de permettre à l'étudiant :

- d'acquérir et/ou d'approfondir des compétences professionnelles en situation réelle de travail (voir annexe 1)
- d'améliorer sa connaissance du milieu professionnel et de l'emploi.

2. Le contenu

Les missions et activités confiées doivent couvrir les champs de compétences et de savoirs associés prévus par le référentiel : ces activités courantes relèvent essentiellement de 4 domaines en interrelation grâce aux NTIC (voir annexe 2).

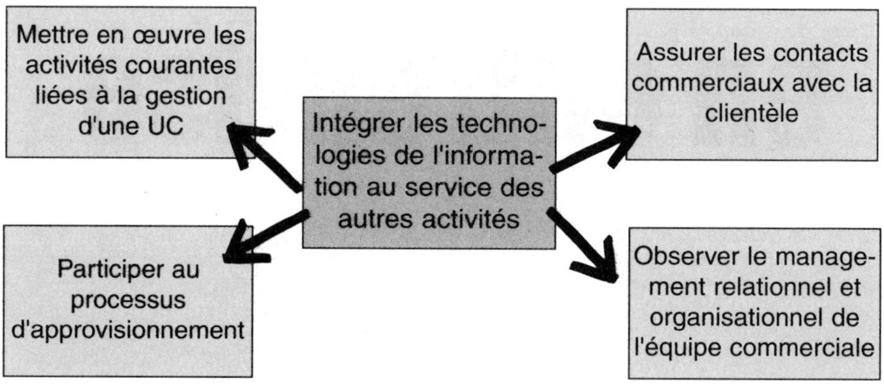

3. Les acteurs

Le stage est organisé avec le concours des milieux professionnels et placé sous le contrôle des autorités académiques dont relève l'étudiant.
Le stage repose donc sur une relation tri-partite

Le stagaire

Il a pour objectif de réussir son stage grâce à la diversité des missions confiées par l'UC sous le contrôle des responsables pédagogiques

L'UC

Représentée par un tuteur, elle est chargée d'organiser l'accueil du stagiaire et de participer à sa formation.

L'établissement de formation

Représenté par des responsables pédagogiques chargés du suivi et de la formation en co-responsabilité avec le tuteur de l'UC.

La mise en place du stage s'appuie sur un échange interactif entre les trois parties.

4. La durée

La durée de l'immersion totale en entreprise est de 12 à 14 semaines réparties sur les 2 années de formation.
Cette immersion est précédée et suivie de 20 demi-journées par année scolaire

2 La recherche d'un stage

La majorité des formations supérieures intégre une période de stage afin de :
- concrétiser les notions vues en cours
- les soumettre à l'épreuve du " terrain "

Le stage permet aussi de préparer l'intégration professionnelle future.

1. Les enjeux

La recherche du stage est assurée conjointement par l'étudiant et l'équipe pédagogique.
Le stage doit constituer une vraie expérience professionnelle, un pas vers l'emploi, il vous permet de découvrir un métier, aborder un secteur et enrichir votre CV. Pour toutes ces raisons vous devez avoir une démarche active de recherche qui vous assure :

- une activité qui vous plait
- une référence pour l'avenir
- des missions intéressantes, professionnelles et en adéquation avec les épreuves que vous présenterez à l'examen (voir plus loin).

2. La prospection

La prospection des entreprises susceptibles de vous accueillir, est une mission délicate.
Faites preuve d'optimisme et de patience, plusieurs contacts seront sans doute nécessaires avant d'atteindre votre objectif.

Ciblez vos demandes

- Certaines entreprises reçoivent plusieurs centaines de demandes par mois.
- Constituez-vous un fichier des entreprises à prospecter en fonction de vos motivations (activité, missions, image de l'entreprise, rémunération éventuelle, ...)
- Il vaut mieux un fichier réduit et bien qualifié que des contacts tout azimut non personnalisés (voir fiche 79).

Prospectez

Utilisez les moyens qui correspondent à vos cibles :
- courrier pour les grands groupes : lettre de motivation + CV
- visite directe dans une petite entreprise
- téléphone pour un contact personnalisé

Attention chacun de ces modes de contact demande une préparation méticuleuse pour réussir (voir fiches n° 76-77-78)

3. L'entretien

Dans la majorité des cas vous devrez rencontrer un recruteur dans le cadre d'un entretien (similaire à un entretien d'embauche).

Soyez performant, il s'agit de vendre vos objectifs,, vos expériences et vos motivations.

L'intérêt des missions confiées et du stage dépend de la négociation que vous aurez su inspirer au responsable (voir fiches 57 et 94).

3 Le choix de l'UC

Le choix de l'UC résulte d'un accord entre l'étudiant et l'Unité Commerciale, sous le contrôle pédagogique.

1. Définition

Une UC est un lieu physique ou virtuel permettant à un client potentiel d'accéder à une offre de produits ou de services.
Elle est caractérisée par 4 éléments.

L'activité
- distribution alimentaire, mono produit ou multi produits (GSA) - distribution spécialisée : ▶ bricolage, ▶ jardinage, ▶ habillement, ▶ sport, ▶ concession automobile, ▶ commercialisation, ▶ boutique de téléphonie, ▶ produits industriels, … - prestation de service : ▶ banque, ▶ assurance, ▶ immobilier, ▶ communication, ▶ location de véhicule, …

La taille
Elle est variable, un minimum de 4 à 5 salariés est recommandé pour parler " d'équipe commerciale ". Il n'y a pas de maximum, le stage peut se dérouler dans une UC de taille importante (hypermarché par exemple).

La clientèle
La clientèle peut être composée de particuliers et/ou professionnels (utilisateurs, prescripteurs, revendeurs).

Le statut
L'UC peut être : ▶ indépendante ▶ intégrée dans un réseau

2. Les critères de choix

L'étudiant n'est pas seul décisionnaire, le tuteur et l'UC s'engagent, dans la convention au même titre que l'équipe pédagogique.

Le choix de l'UC 3

Le stagiaire

Le stagiaire choisit en fonction :

- de ses activités
- de ses centres d'intérêts et projet professionnel : s'engager pour deux ans sans être conquis par l'activité serait une erreur
- du contenu du stage proposé : (voir fiche 1)
- de contraintes personnelles (déplacement par exemple)

L'UC et le tuteur

Les critères de choix sont :

- la motivation pour :
  - l'activité
  - l'UC
  - les missions proposées
- les qualités personnelles :
  - dynamisme
  - enthousiasme
  - savoir être
  - présentation, tenue
- les contraintes professionnelles (temps, budget, ...)

L'équipe pédagogique

Les enseignants vérifient :

- l'adéquation " stagiaire - entreprise "
- la conformité des missions avec le référentiel

Les 10 questions clés

- L'activité me plait-elle ?
- La taille de l'UC est-elle suffisante pour m'accueillir ?
- Quelles sont les missions proposées ?
- Sont-elles en conformité et couvrent-elles le référentiel ?
- Sont-elles individuelles ?
- Sont-elles adaptées au niveau de technicien supérieur ?
- Quelles responsabilités me seront attribuées ?
- Qui assurera le suivi de mes activités dans l'UC ?
- L'UC dispose t-elle d'un système informatique ?
- L'UC est-elle susceptible de me fournir un projet pour le stage de 2ème année ? (voir le mémento PDUC, référence EX46).

4 Le déroulement du stage

Le stage en milieu professionnel est décomposé en missions professionnelles de préparation et suivi et périodes d'immersion totale en entreprise. La même convention régit l'ensemble des missions et en précise la programmation dans le temps.

1. Les missions professionnelles de préparation et suivi

Les missions se déroulent dans le cadre de l'activité de l'UC où le stage en immersion totale doit avoir lieu.

Elles ont pour finalités de faciliter l'intégration du stagiaire dans l'UC.

Elles sont limitées à 20 demi-journées au maximum par année scolaire. Ces demi journées sont réparties dans l'année mais peuvent être regroupées en fonction des contraintes liées à l'activité de l'UC et ce après accord du responsable pédagogique.

2. L'immersion totale en entreprise

L'immersion totale en entreprise implique la présence en continue du stagiaire dans l'UC. La durée totale sur l'ensemble de la période de formation est de 12 à 14 semaines. La répartition sensiblement égale sur les deux ans de formation conduit à 6 à 8 semaines sur chacune des années.
Cette répartition est réalisée par l'équipe pédagogique en fonction de la progression élaborée (cf exemple de progression, ci-après).

Le déroulement du stage 4

	Missions professionnelles ponctuelles	Immersion totale en entreprise	Contenu
1ère année de formation	Préparation		- définition des modalités du stage - découverte de l'UC et de son environnement professionnel - réalisation d'activités de préparation du stage
		2 à 4 semaines en décembre janvier ou février	- réalisation des missions confiées
	Suivi et préparation		- suivi et analyse des effets des actions conduites précédemment en immersion - réalisation d'activités préparatoires au stage (diagnostic, ...)
		4 à 6 semaines en mai, juin	- mise en place des actions
2ème année	Suivi		- suivi et analyse des effets des actions conduites - rédaction du dossier

5 Les formalités administratives

Pendant le stage, l'étudiant a obligatoirement le statut de stagiaire et non de salarié.

1. La convention de stage

Chaque stage fait l'objet d'une convention signée entre les représentants de l'entreprise d'accueil et ceux de l'établissement de formation.

- Elle est établie conformément aux dispositions en vigueur (circulaires du 30 octobre, BOEN n°24 des 14 décembre 1959 et 26 mars 1970, BOEN n°17 du 23 avril 1970).
- Elle est obligatoire.
- Elle comporte une annexe pédagogique précisant le cadre des stages de MUC.

2. L'annexe pédagogique

L'annexe pédagogique, comme son nom l'indique, est un document qui est joint à la convention de stage. Elle précise les objectifs et les modalités du déroulement du stage (voir le détail en annexe 3).

3. Les attestations de stage

En fin de stage, une attestation est remise au stagiaire par le responsable de l'entreprise d'accueil (voir document en annexe 4).

Entreprise d'accueil — L'attestation précise dates et durée de stage.

↓

Stagiaire — Le stagiaire conserve **précieusement** toutes les attestations de stage.

↓

Rectorat — Les attestations de stage sont transmises au rectorat avec le dossier d'ACRC.

Les formalités administratives 5

Pour les candidats sous contrat d'apprentissage ou de professionnalisation, les attestations de stage sont remplacées par la photocopie du contrat de travail ou une attestation de réalisation de contrat lors de l'inscription.

Pour les candidats qui se présentent au titre de leur expérience professionnelle, l'attestation de stage est remplacée par un ou plusieurs certificats de travail justifiant de la nature et de la durée de l'emploi.

6 Les missions préparatoires

Les missions préparatoires ont pour finalités l'intégration du stagiaire dans l'entreprise et la préparation des activités réalisées lors du stage.
Elles portent sur 3 points :

- l'UC et son environnement (fiche 7)
- l'organisation de l'équipe commerciale (fiche 8)
- le système d'information commerciale (fiche 9)

Pendant les missions préparatoires, le stagiaire doit mobiliser des compétences professionnelles visant à rechercher et exploiter l'information nécessaire à l'activité commerciale.

1. Assurer la veille commerciale

Ses activités consistent à :

✦ Repérer les sources documentaires

Sources internes	Sources externes
- documents comptables et financiers - publications : brochure, plaquette de présentation de l'UC - journal interne - statistiques des ventes - fichier client - réclamations, suggestions des clients	- organismes publics (INSEE, CREDOC, ministères) - syndicats professionnels - presse (LSA, points de vente, presse spécialisée, ...) - Banques de données - Internet

✦ Sélectionner les informations en fonction de leur fiabilité, pertinence, disponibilité

Données primaires	Données secondaires
L'information répond à un besoin propre de l'UC. Elle est utilisée pour la première fois. Ex. sondage réalisé par l'UC	L'information est recueillie à l'intérieur ou à l'extérieur de l'UC pour une nouvelle utilisation. Ex. : sondage publié dans un magazine

	Avantages	Inconvénients
Données primaires	- pertinence - richesse des informations approche en profondeur pour les études qualitatives	- coût du recueil - délai
Données secondaires	- coût faible - disponibilité rapide ou immédiate - unicité et fiabilité de certaines données internes	- fiabilité contestable ♦ origine non mentionnée ♦ procédure de recueil non maîtrisée - données périmées - informations inexistantes

✦ Mettre les informations à disposition des utilisateurs potentiels à l'aide des outils et logiciels adaptés.

2. Exploiter des études mercatiques et commerciales

Les activités sont :

✦ analyser les informations issues d'étude
✦ exploiter les résultats

Voir aussi les fiches 80 à 83.

7 L'UC et son environnement

Au cours des missions préparatoires, le stagiaire doit collecter et exploiter des informations sur l'UC et son environnement.
Les objectifs sont de :

- s'intégrer le plus rapidement possible dans l'UC
- préparer le descriptif de l'UC à intégrer au dossier présenté à l'examen (voir fiche 21).

1. Les informations à collecter

Pour une bonne connaissance de l'UC, il convient de rechercher les informations suivantes :

L'entreprise	- Date de création - Nom des créateurs - Nom des responsables actuels - Statut juridiques (SA, SARL, ...) - Culture d'entreprise, valeurs, codes - Projet d'entreprise - Nombre de salariés - CA, résultat, performances commerciales - Surface - Localisation - Positionnement, notoriété, image
Le réseau	- Enseigne ou groupe d'appartenance - Type de réseau (intégré, franchise) - Contraintes du réseau - Nombre d'UC - Evolution
L'activité	- Domaine d'activité - Offre de produits et services par gamme, par famille, ... - Répartition du CA par gamme, famille, ... - Spécificités de l'offre - Zone de chalandise - Marché local et national (évolution, structure, ...) - Méthode de vente - Agencement

L'UC et son environnement 7

La clientèle	- Type de clients (particuliers, professionnels, collectivités, …) - Répartition du CA par type de clients - Principaux clients - Profil type du client - Prescripteurs - Nombre de clients - Comportement d'achat, d'utilisation - Attentes et motivation
La concurrence	- Nombre de concurrents - Nom des concurrents - Chiffres, taille, CA, parts de marché - Localisation (carte) - Positionnement - Offre de produits / services (gamme, prix, conditions de ventes) - Méthodes de vente - Moyens de communication - Marketing mix
Les fournisseurs	- Nombre de fournisseurs - Organisation des achats - Contraintes d'approvisionnement
L'environnement	- Démographique : évolution de la population sur la zone de chalandise par exemple - Economique : apparition de nouveaux concurrents, fournisseurs, … - Culturel : évolution des habitudes et mœurs - Naturel : prise en compte de la pollution, des coûts de l'énergie - Juridique : nouvelles réglementation, ...

2. Les moyens

La collecte des informations est assurée au cours des périodes préparatoires à partir de :

- observation
- collecte de documents
- interview, entretien
- visite
- internet

8 L'organisation de l'équipe commerciale

Les missions préparatoires visent à connaître le contexte organisationnel de l'UC dans le but de :

- réussir son intégration dans l'équipe
- préparer le descriptif de l'UC en vue de constituer le dossier présenté à l'examen

La collecte d'information porte sur les points suivants :

Organisation	- Organigramme de l'UC - Responsabilités - Fiches descriptives des métiers - Définitions des missions - Modes opératoires - Hiérarchie - Horaires de travail - Planning de présence - Réglement intérieur
Management	- Style(s) de management - Outils (agenda, logiciel, assistant numérique, tableau de bord) - Définition des objectifs - Répartition des responsabilités
Constitution de l'équipe	- Politique de recrutement - Profil des postes ou métiers (compétences, missions) - Profil des candidats - Processus de recrutement - Entretien de recrutement (ex guide d'entretien) - Statut - Contrats

L'organisation de l'équipe commerciale 8

Animation	- Concours ou challenge organisé dans l'UC ou le réseau • objectifs • cibles • règlement • récompenses - Séminaires - Communication : réunion, notes, ...
Rémunération	- Composantes du système de rémunération • fixe • variable (commission, primes) - Calcul de la rémunération - Outils de stimulation financière • participation, intéressement, ... • avantages sociaux (mutuelles, chèques repas, ...)

9 Le système d'information commerciale

Une bonne connaissance du système d'information commerciale est indispensable pour intégrer les technologies dans les activités et missions confiées au cours de l'immersion.

1. Les outils

Le système d'information repose sur le matériel et les logiciels

Matériel
- Type d'ordinateur (processeur, ...) - Périphériques (écrans, imprimantes, scanners, ...) - Autres bornes multimédia - Réseau (serveur, modem, ...)

Logiciels
- Gestion du point de vente - Marchandisage - Gestion de la relation client - Géomarketing - Gestion de la chaîne logistique - Paye - Comptabilité ▶ Etude des fonctionnalités

2. L'organisation des données

Les logiciels sont conçus pour conserver toutes les informations dans des bases de données, et fournir aux interlocuteurs (gestionnaire, manager, commercial, ...) des données pertinentes pour la prise de décision.

Les contraintes →

- Sécurité du système
- Mise à jour régulière des informations
- Mise en place de procédures d'accès et de manipulations des données

9 Le système d'information commerciale

Accès sécurisé

- Procédures d'accès
- Identifiant, mot de passe
- Domaines réservés (ressources non disponibles à tous les utilisateurs)
- Droits ▶ définissent l'accès aux données : lecture (consultation) écriture, suppression (mise à jour)
- Espace collaboratif

Sécurité du système d'information

- Procédures de protection contre :
  - les virus
  - les hoax (rumeur de faux virus)
  - les intrusions
- Procédures de sécurisation des échanges
  - paiement en ligne
  - confidentialité des informations échangées

Les conseils

Votre mission ne consiste pas à devenir un technicien informatique mais un utilisateur éventuel.

Vos objectifs :

- Présenter l'architecture du système d'information
- En comprendre l'organisation
- Connaître les logiciels à votre disposition (fonctionnalités, ...)
- Maîtriser les outils pour :
  - actualiser et enrichir l'information commerciale
  - interroger de façon réfléchie et rigoureuse
  - consulter les informations recherchées
  - utiliser les données dans une action de segmentation, publipostage, fidélisation

3. Les sources d'information

Afin d'assurer la veille commerciale, l'UC dispose de plusieurs sources d'information (voir fiche 6).

Il s'agit pour le stagiaire de repérer les sources privilégiées par l'UC.

Ex. :
- Relevé des codes postaux clients pour définir la zone de chalandise
- Relevé de prix chez les concurrents pour adapter l'offre.

Le marché

Chiffres du réseau
Données de la profession
...

Les clients

Fichier Clients
Etudes de satisfaction
Réclamations
Suggestions clients, ...

Les concurrents

Publications
Clients mystères
Relevé de prix, ...

10 Les missions en immersion

L'immersion totale dans l'UC en 1ère année est réalisée sur une ou plusieurs périodes définies en accord avec l'équipe pédagogique.
Chaque période porte sur une durée minimum de deux semaines et sept semaines maximum.
La durée totale du stage sur l'ensemble des deux années de formation doit être comprise entre 12 et 14 semaines. Le stage a pour objectifs :
- la confrontation du stagiaire aux réalités du terrain,
- la pratique professionnelle pour acquérir des compétences et un comportement.

Les compétences professionnelles sont mises en œuvre dans le cadre

- des caractéristiques de l'UC
- du contexte de l'UC (marché, environnement, ...)
- de la politique commerciale de l'entreprise
- de l'offre de l'UC (produit / service principal, produits et services associés)
- de la politique de communication interne de l'entreprise
- de la politique financière de l'entreprise
- du système d'information

Elles portent sur quatre domaines d'activités et font appel aux outils de TIC.

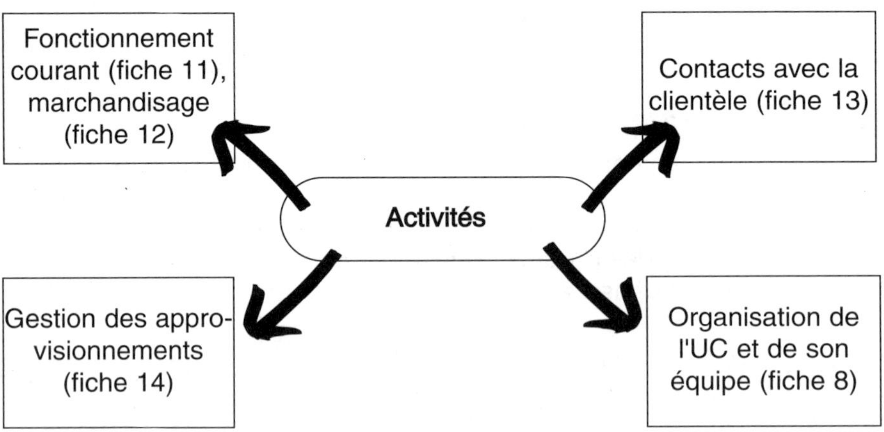

Les missions en immersion 10

Fonctionnement courant et marchandisage

C21 Assurer le fonctionnement de l'UC

- Suivre le cycle d'exploitation
- Organiser la maintenance, l'entretien et le renouvellement des équipements
- Traiter les incidents

C23 Assurer la communication des résultats de l'activité

- Sélectionner et mettre en forme
- Diffuser

C51 Elaborer une offre commerciale adaptée à la clientèle

C53 Mettre en place un espace commercial attractif et fonctionnel

- Agencer la surface de vente
- Mettre en valeur les produits et assurer la visibilité des services

C54 Dynamiser l'offre produits/services

- Organiser des actions de promotion des ventes et des animations sur le lieu de vente

Contacts avec la clientèle

C41 Vendre

- Préparer l'entretien de vente
- Etablir le contact avec le client
- Argumenter
- Conclure la vente

C42 Assurer la qualité de service à la clientèle

- Accueillir, informer, conseiller
- Gérer les insatisfactions et suggestions de la clientèle
- Suivre la qualité des prestations

Recherche et exploitation de l'information nécessaire

C63 Enrichir et exploiter le système d'information commerciale

- Mettre à jour les données du SIC
- Interroger le SIC

C64 Intégrer les technologies de l'information dans son activité

- Organiser son activité
- Organiser l'activité de l'équipe commerciale

Gestion des approvisionnements

C52 Gérer les achats et les approvisionnements

- Assurer la qualité du processus d'approvisionnement
- Sélectionner les fournisseurs
- Négocier les achats

Organisation du travail

C12 Organiser le travail

- Répartir les tâches
- Gérer le temps
- Animer l'équipe
- Evaluer l'organisation du travail de l'équipe.

11 Le fonctionnement courant de l'UC

La gestion courante d'une UC s'organise autour de la gestion du fonctionnement de l'UC et de la gestion de l'offre de produits et services.

1. Assurer le fonctionnement de l'UC

Tout au long du stage d'ACRC, le stagiaire observe et étudie les différentes activités liées au fonctionnement de l'UC.

Suivre le cycle d'exploitation	- Etudier les prévisions et objectifs - Rechercher des indicateurs - Construire un tableau de bord - Contrôler les charges d'exploitation - Etudier les écarts
Organiser la maintenance, l'entretien et le renouvellement des équipements	- Consulter les cahiers des charges (contenu, responsabilités, ...) - Etudier les documentations techniques - Connaître la réglementation en matière de sécurité - Etudier la sous-traitance (sécurité, entretien, ...)
Traiter les incidents	- Rechercher les procédures mises en place - Etudier les dysfonctionnements

2. Elaborer une offre commerciale adaptée à la clientèle

Le management de l'offre commerciale consiste, d'une part, à construire l'offre grâce à une sélection de produits et services et d'autre part, à gérer l'offre.

Le fonctionnement courant de l'UC 11

Analyser l'offre existante	- Etudier l'offre de l'UC : • assortiment de produits et de services • techniques de commercialisation • adaptation à la clientèle - Etudier l'offre de la concurrence - Situer l'UC par rapport à la concurrence - Réaliser une étude de positionnement - Analyser l'incidence des réglementations sur les prix pratiqués.
Adapter l'offre	- Proposer de nouveaux produits - Retirer des produits - Adapter l'offre au marché local

3. Dynamiser l'offre de produits et services

2 types d'actions sont envisageables

Organiser des actions de promotion des ventes	- Définir les actions envisagées • type • objectifs • cible • moyens - Réaliser un budget
Organiser des animations sur le lieu de vente	- Planifier - Organiser et mettre en place - Evaluer les résultats (trafic, rentabilité, impact sur les ventes)

12 Le marchandisage

Les techniques de marchandisage visent à valoriser l'offre de produits et services en vue d'augmenter la rentabilité de l'UC.
Leur utilisation est applicable dans toute UC pour optimiser la surface de vente disponible, mais aussi pour agencer les rayons dans les UC proposant des produits afin de mettre en place un espace commercial attractif et fonctionnel.

Agencer la surface de vente	- Etudier le plan masse de l'UC dans une grande surface * L'accueil * L'entrée principale, les entrées annexes * Les zones / univers * Les allées de circulation : pénétrante, allée centrale, périmètre, allées secondaires * La signalétique - Mais aussi dans une UC de services : * L'espace accueil * L'espace commercial * La signalétique - Observer le comportement des clients - Etudier le marketing sensoriel : décoration, ambiance sonore, utilisation d'odeurs, dégustations, ... - Etudier la vitrine (taille, mise en scène, couleurs, matériaux, ...) - Analyser les conséquences d'une réimplantation

Le marchandisage

12

Mettre en valeur les produits	- Mettre en place des produits en respectant les règles spécifiques à l'UC (plan de marchandisage donné par le réseau par exemple) - Etudier le mobilier de présentation (mannequins, gondoles, bacs, palettes, vracs, cintres, ...) - Optimiser l'implantation d'une ou plusieurs familles - Analyser les conséquences d'une réimplantation (performances) - Identifier les produits à forte notation
Assurer la visibilité des services	- Etudier l'espace d'accueil et réception - Utiliser • la documentation mise à disposition des clients • la signalétique • les PLV visant à promouvoir les services - Réaliser des supports de communication sur le lieu de vente - Construire une architecture de site internet

13 La relation avec la clientèle

La gestion de la relation clientèle est une composante essentielle au stage de première année sur laquelle s'appuie l'épreuve d'ACRC : analyse et conduite de la Relation Commerciale.

1. Vendre

Afin de conduire un entretien de vente, diverses missions peuvent être réalisées.

Préparer l'entretien de vente	- Construire des supports d'aide à la vente avec : * des fiches produits et services * des catalogues * des tarifs et barème * des conditions générales de vente - Rechercher des informations sur la clientèle - Identifier les motivations des clients - Rechercher les besoins et attentes des clients - Analyser la clientèle (comportement, caractéristiques, ...) - Segmenter la clientèle - Réaliser une étude de concurrence (points forts, points faibles,...)
Etablir le contact avec le client	- Repérer les types de contact (téléphone, lettre, ...) - Etudier l'accueil des clients en face à face, au téléphone
Argumenter	- Adapter l'argumentation au client - Rechercher des solutions adaptées aux attentes du client - Repérer les objections et les traiter
Conclure la vente	- Repérer les signaux de décision d'achat

2. Assurer la qualité de service à la clientèle

L'état d'esprit repose sur le développement d'un environnement favorable à l'acte d'achat grâce à une attitude de service commune à l'ensemble du personnel.

Accueillir, informer et conseiller	Gérer les insatisfactions et les suggestions de la clientèle	Suivre la qualité des prestations
- Adopter un comportement d'écoute active - Etudier l'agencement de l'UC - Créer des supports de communication sur le lieu de vente - Proposer des services de confort, accueil des enfants, toilettes, espace de confidentialité, ...	- Analyser les insatisfactions - Traiter les réclamations - Etudier la satisfaction des clients - Analyser et exploiter les résultats - Mettre en place des outils d'écoute de la clientèle (boîte à idées, ...) - Analyser les suggestions - Rechercher des améliorations	- Exploiter les fonctions d'un logiciel de GRC - Participer aux actions de marketing après vente : • suivi des commandes • suivi de la qualité des prestations - Réaliser une étude d'image - Observer le comportement post-achat des clients - Etudier la fidélisation - Créer des outils de fidélisation

14 La gestion des approvisionnements

La gestion des approvisionnements a pour objectifs de mettre à disposition du client une offre de produits. Elle repose sur :

- une bonne gestion des stocks
- une relation permanente avec les fournisseurs pour éviter toute rupture de stock

1. Gérer les achats et les approvisionnements

Assurer la qualité du processus d'approvisionnement	- Etudier les procédures de réapprovisionnement • manuelle • informatique - Analyser les cahiers des charges des fournisseurs - Etudier les livraisons • fréquence • mode de livraison (transporteur, camion de l'enseigne, ...) • origine des livraisons (fournisseurs, centrale, ...) • coût
Réaliser les commandes (fax, téléphone, mail, courrier, réseau)	- Adapter le processus de commande - Déterminer les commandes à l'aide des cadenciers, états statistiques- - Etudier les niveaux de stock (minimum, sécurité, alerte) - Observer les réceptions - Etudier les procédures d'entrée en stock, sortie de stocks (manuelle, scanning des codes barres, ...)
Repérer et analyser les disfonctionnements	- Etudier les ruptures de stocks - Calculer les indicateurs commerciaux et financiers
Sélectionner les fournisseurs	- Etudier les procédures de sélection de fournisseurs (réseaux, UC) - Définir les critères de sélection - Rechercher des informations sur les fournisseurs potentiels - Obtenir des propositions - Analyser et comparer des offres - Proposer des alternatives

14 La gestion des approvisionnements

Négocier les achats	- Etudier les principaux résultats commerciaux et financiers (marge, rotation, ...) - Définir le cahier des charges - Etudier le budget - Participer aux contacts avec les fournisseurs

2. Enrichir le système d'information commerciale

Mettre à jour les données du SIC	- Enregistrer les entrées en stocks - Comptabiliser les sorties - Mettre à jour les stocks en fonction de la démarque (casse, vol)
Interroger le SIC	- Découvrir les fonctions d'une application ECR - Etudier l'évolution des ventes - Réaliser une transaction sur un logiciel ECR - Rechercher le stock d'un produit - Rechercher une date de livraison - Suivre la rentabilité d'une famille de produits / d'un produit

15 Les missions de suivi

Les missions de suivi ont pour finalités de suivre et d'analyser les effets des actions conduites pendant les périodes d'immersion et de construire le dossier pour l'épreuve d'ACRC.

1. Le suivi des missions

Le suivi des missions se déroule sur les mois de septembre et octobre de la 2ème année.
Le planning des demi-journées de suivi est élaboré en relation avec le tuteur et le responsable pédagogique, en fonction des contraintes liées à l'UC et à l'organisation pédagogique.
Dans un premier temps, il convient avec le responsable pédagogique de vérifier :

- l'adéquation des missions réalisées au référentiel de l'épreuve
- l'acquisition des compétences prévues pour l'épreuve

Le stagiaire se rend dans l'UC partenaire pour collecter diverses informations dans la limite de la confidentialité et des accords du tuteur

- résultats d'études
- résultats d'actions réalisées

2. La réalisation du dossier

L'objectif est de réaliser le dossier au plus vite pour permettre la préparation de l'oral.
Le dossier n'est pas évalué pour sa forme et son contenu, il est un support de l'entretien oral.

Voir fiches 18 à 27.

Le comportement à adopter pour réussir son stage

16

Un stage réussi est un stage bien préparé.
Nous ne reviendrons pas sur les conseils donnés dans les fiches précédentes pour obtenir le stage que vous souhaitez. Il convient maintenant d'exploiter le stage au mieux pour préparer l'épreuve d'ACRC.

1. L'intégration

Le stagiaire est souvent considéré comme une charge, car il faut lui consacrer du temps pour l'informer, le former et parfois corriger ses erreurs.

Pour intégrer l'équipe au plus vite, sans être " le boulet " décrit ci-dessus, les missions préparatoires doivent permettre de connaître l'UC, son environnement, ses activités, sa structure, ... d'identifier les différentes personnes et de repérer ce que chacune d'elles peut apporter. Le stage ne confère pas de statut particulier : vous êtes soumis au règlement de l'entreprise, et en particulier à ses horaires.

Les 5 clés de l'intégration

- Ponctualité	- Implication / motivation
- Politesse (bonjour, merci, ...)	- Attitude positive / dynamisme
- Présentation	

2. L'observation et la collecte d'informations

Le stage ne doit pas être une période de repos scolaire mais une expérience professionnelle riche. Tout au long du stage vous observerez, interrogerez et remercierez vos interlocuteurs. C'est aussi régulièrement que vous collecterez documents et informations utiles à vos missions et à votre dossier.

3. La réalisation des missions confiées

Vous avez négocié vos missions lors de la signature de la convention de stage.
Il est nécessaire de vérifier à votre entrée les attentes et les objectifs de votre responsable de stage.

A vous, ensuite, de proposer méthodologie, plan d'action, planning.

Sous son contrôle vous réaliserez en autonomie, avec soin et professionnalisme, les missions confiées dans les délais impartis. Rappelez-vous que vous êtes encore en formation et que votre tuteur a plus d'expérience et de vécu en entreprise, écoutez et suivez ses conseils pour tirer de votre stage le meilleur profit.

4. La préparation de l'épreuve d'ACRC

Tout au long du stage vous ne devez pas perdre de vue :

- les objectifs de votre stage
- les attentes de l'épreuve d'ACRC

Ainsi vous préparez votre dossier et vous vous assurez auprès de votre tuteur de bien pouvoir utiliser les informations et documents collectés dans la limite de la confidentialité.

La fin du stage 17

L'évaluation du stage relève d'une double finalité

- Evaluer les compétences et savoirs acquis par le stagiaire au cours du stage
- Vérifier l'adéquation des activités et misions confiées à l'étudiant avec le référentiel

1. Les documents officiels

A la fin du stage, sont remis au stagiaire par le responsable de l'entreprise d'accueil les documents suivants :

▶ une **attestation de stage** précisant les dates et durée des missions préparatoires et de suivi et les périodes d'immersion totale (Annexe 4)

▶ une **attestation de cumul des périodes de stage** en première et deuxième année (Annexe 5)

▶ une **attestation de conformité du contenu du dossier** aux activités et missions réellement réalisées (Annexe 6).

Ces documents certifiés par le tuteur de l'entreprise d'accueil, sont à produire lors de la remise du dossier au centre d'examen (ou au rectorat).

2. L'évaluation

L'évaluation porte à la fois sur le comportement du stagiaire en entreprise, lors des activités et missions réalisées, sur les méthodologies de travail mises en œuvre et sur la maîtrise des connaissances mises en pratique en stage.
Une double évaluation est réalisée d'une part par le tuteur de stage et d'autre part par le responsable pédagogique.

Des évaluations sont réalisées à la fin de chaque période pour un suivi efficace du stage, elles permettent d'améliorer la relation entre les 3 parties : stagiaire, entreprise d'accueil et établissement de formation.
Elles ne sont pas prises en compte lors de l'examen et sont des indicateurs des points forts et des points faibles à améliorer.

17 La fin du stage

Tuteur

- ▶ Autonomie
- ▶ Sens des responsabilités
- ▶ Implication
- ▶ Rigueur et qualité du travail
- ▶ Intégration à l'équipe commerciale
- ▶ Ecoute
- ▶ Qualité du contact commercial

Responsable pédagogique

- ▶ Compréhension du fonctionnement de l'UC
- ▶ Diversité des activités exercées et degré de couverture du référentiel de certification
- ▶ Intérêt des activités et conformité au référentiel
- ▶ Rigueur des méthodes utilisées lors des activités
- ▶ Richesse des connaissances théoriques liées aux activités réalisées en entreprise
- ▶ Qualification du système d'information de l'UC
- ▶ Utilisation des technologies de l'information et de la communication

2ème partie

Le dossier

18 Le dossier support

1. Objectif

Le candidat doit produire un dossier descriptif de son activité et des diverses missions qu'il a réalisées au titre de sa formation ou de son expérience professionnelle, dans le cadre de sa " prise en responsabilité des activités courantes " d'une unité commerciale.

2. Caractéristiques

Votre dossier est **personnel** et unique, aucun dossier collectif n'est admis.

Les missions sont **individuelles** et **authentifiées** par le tuteur et le responsable pédagogique. La composition et la structure du dossier sont strictement définies par la circulaire nationale d'organisation du BTS MUC (cf fiche 19)

Descriptif des activités et des missions	15 à 20 pages maximum
Partie administrative	5 à 6 pages maximum

Le dossier est adressé au centre d'examen accompagné des documents administratifs justifiant la durée et la nature des missions réalisée en entreprise (voir annexes 4, 5 et 6).

Ce dépôt est réalisé avant la date limite fixée par le recteur d'académie (en décembre).

Le dossier ne fait pas l'objet d'une évaluation ou d'une notation spécifique de l'épreuve d'ACRC. Il est cependant obligatoire, car support de l'épreuve.

Sans dossier le candidat n'est pas autorisé à passer l'épreuve d'ACRC.

3. Contrôle

Une commission est désignée par chaque rectorat pour contrôler à partir du dossier le respect des conditions de validité, à savoir :

▶ Conformité de l'UC d'accueil
- activité de biens ou de services, pour une clientèle de particuliers ou de professionnels
- taille suffisante pour le recours à un technicien supérieur

▶ Nature des missions et activités confiées au candidat
- individuelles
- de niveau de technicien supérieur
- couverture des champs de compétences et savoirs associés prévus par le référentiel

▶ Structure et durée du stage
- missions professionnelles préparatoires et de suivi : 10 à 20 demi journées
- périodes d'immersion totale : 5 semaines minimum (Annexe 4)
- cumul sur les deux années : 12 à 14 semaines (Annexe 5)

▶ Conformité du contenu du dossier (Annexe 6)

19 Le contenu du dossier

Le contenu du dossier présenté est strictement défini par le référentiel et la circulaire d'organisation du BTS Management des UC.

Descriptif de l'UC — 3 pages au maximum

Descriptif du système d'information commercial — 2 pages maximum

Annexe 8 / Annexe 8 / Annexe 8 — 1 fiche par type d'utilisation

Ex. :

- Fiche 1 : Analyse de la BDD
- Fiche 2 : Gestion des stocks et approvisionnements
- Fiche 3 : Action de marketing direct

Annexe 9 — Récapitulatif des activités et missions confiées dans le cadre de ses relations avec la clientèle — Sommaire récapitaulatif

Annexe 10 / Annexe 10 / Annexe 10 — 1 fiche bilan par mission

Ex. :

- Fiche 1 : Fidélisation
- Fiche 2 : analyse de la satisfaction client

19 Le contenu du dossier

Annexe 11
Récapitulatif des activités et missions confiées dans le cadre du management opérationnel de l'équipe commerciale — Sommaire récapitulatif

Annexe 10
Annexe 10
Annexe 10 — 1 fiche bilan par mission

Ex. :

Fiche 1 : Répartition des tâches

Fiche 2 : Définition d'indicateurs de dysfonctionnement

En outre, ce dossier fourni au centre d'examen avant les épreuves, comporte une partie administrative.

Annexe 4 Certificat de stage	Entre 10 demi-journées et 20 demi journées pour les missions préparatoires et de suivi. 5 semaines minimum pour les périodes d'immersion totale.
Annexe 5 Attestation de cumul	Le cumul des semaines de stage réalisées en 1ère et 2ème année est de 12 à 14 semaines.
Annexe 6 Attestation de conformité du dossier d'ACRC	Cette attestation est signée par le tuteur et le formateur.

20 La présentation du dossier

Le dossier ne fait pas l'objet d'une évaluation ou d'une notation spécifique. Sa présentation est strictement définie par la circulaire d'organisation du BTS (voir fiche 19). Elle mérite cependant une attention particulière pour permettre de valoriser la présentation orale des activités et missions réalisées.

1. La structure

Sur la page de couverture, vous indiquerez vos nom, prénom, numéro d'identification ainsi que l'épreuve : ACRC - BTS - MUC - session 2006

Au maximum 5 pages sont rédigées sans contrainte de présentation :
- descriptif de l'UC (3 pages maximum)
- descriptif du système d'information commerciale (2 pages maximum)

Vous rechercherez une présentation optimale en utilisant toutes les ressources d'un logiciel de traitement de texte (encadrez, soulignez, numérotez, paginez...). Voir fiche 47.
Un sommaire disposé après la page de couverture facilitera la lecture et la vue d'ensemble du dossier

2. Le fond

Votre dossier doit être parfait sur le fond en terme de :
- connaissances et savoir-faire
- français : grammaire et orthographe

Utilisez les logiciels et leur fonction de correction orthographique. Faites relire votre dossier par des personnes extérieures.

Pour clarifier vos différentes missions et activités, soyez simple, clair, précis. Utilisez des énumérations et valorisez vos fiches par un vocabulaire adapté et commercial issu des compétences et savoir-faire du référentiel.

La présentation du dossier 20

A privilégier
▶ les verbes d'action ▶ la précision ▶ les éléments positifs ▶ la pagination

Exemples

- Pour résoudre un problème :
  - ▶ réorganiser
  - ▶ résoudre
  - ▶ moderniser
  - ▶ transformer
  - ▶ proposer
  - ▶ restructurer
  - ▶ …

- Pour développer un CA, un nombre de clients…
  - ▶ multiplier
  - ▶ accroître
  - ▶ développer
  - ▶ doubler, tripler…
  - ▶ générer
  - ▶ gagner
  - ▶ améliorer
  - ▶ atteindre

- Pour réduire des coûts, des stocks…
  - ▶ réduire
  - ▶ économiser
  - ▶ diminuer
  - ▶ simplifier

- Pour organiser une action :
  - ▶ planifier
  - ▶ budgéter
  - ▶ organiser
  - ▶ prévoir
  - ▶ atteindre
  - ▶ bâtir
  - ▶ concevoir
  - ▶ anticiper

- Pour analyser :
  - ▶ identifier
  - ▶ interpréter
  - ▶ analyser
  - ▶ contrôler

- Pour désigner la clientèle :
  - ▶ Clients/clientèle
  - ▶ Prospects
  - ▶ Suspects
  - ▶ Consommateurs
  - ▶ Utilisateurs
  - ▶ ...

21 Le descriptif de l'UC

Le descriptif de l'UC vise à présenter l'entreprise dans laquelle vous avez réalisé votre stage à 3 niveaux

1. Contenu

Contexte géographique	Contexte organisationnel	Contexte commercial
- localisation - description de la zone de chalandise - environnement	- structure - réseau - équipe - responsabilité - contraintes	- marché - activité - produits - clientèle - force de vente (VAD, libre-service…) - positionnement - projets

2. Forme

Ce descriptif est réalisé sur un maximum de 3 pages.
Sa rédaction n'est pas soumise à d'autres contraintes. Il vous appartient donc de structurer cette partie (titre, paragraphes…) et de retenir les informations indispensables à la compréhension du contexte dans lequel vous avez travaillé (voir fiches 7, 8, 19, 20, 47).

3. Objectifs

Un double objectif

JURY	CANDIDAT
Permettre de connaître le lieu de stage sans y être allé	Faciliter la présentation orale

4. Exemple

▶ ***Le contexte géographique***

Conifère est un point de vente de 180m² situé à Seynod en Haute-Savoie, sur l'axe Annecy/Aix-les-Bains.
Sur la zone de chalandise, on compte une population d'environ 140 000 habitants.

▶ ***Le contexte commercial***

L'activité de Conifère repose sur la vente de meubles en pin et produits de décoration de la maison (luminaires, vaisselle, tapis, ...)
Conifère propose une collection originale de meubles et lampes dessinés par Jacques Losserand, architecte local, ce qui lui confère un positionnement spécifique et unique dans le haut de gamme.
La clientèle est essentiellement composée de particuliers sur le point de vente. De plus l'entreprise commercialise sa propre collection par l'intermédiaire d'agents commerciaux sur toute la France.
La valorisation des produits est réalisée par une mise en scène de la vie quotidienne.

▶ ***Le contexte organisationnel***

L'équipe commerciale, attachée au point de vente est composé de 5 personnes (3 vendeuses, 1 responsable, 1 livreur). Un manager coordonne l'équipe commerciale et l'équipe administrative.

22 Le descriptif du système d'information commercial

Le descriptif du système d'information commercial vise à décrire les ressources informatiques existantes dans l'UC.
Il est complété par des fiches qui décrivent les utilisations réalisées dans le cadre des relations avec la clientèle et le management opérationnel de l'équipe (voir fiche 23).

1. La forme

La présentation du SIC peut être réalisée sous forme d'un schéma présentant les relations entre les différents outils informatiques.
Elle peut être complétée par une explication succincte des différents matériels et logiciels utilisés afin de présenter par exemple la particularité du système.

Cette présentation doit être limitée à 2 pages maximum.

2. Objectifs

▶ Pour le jury
- comprendre le système d'information commercial et le fonctionnement de l'UC
- évaluer la maîtrise des outils informatiques

Exemple de fiche d'utilisation du SIC

23

BTS MANAGEMENT DES UNITES COMMERCIALES
SESSION 2006
EPREUVE D'ANALYSE ET CONDUITE DE LA RELATION COMMERCIALE

UTILISATION DU SYSTEME D'INFORMATION COMMERCIALE

Fiche n°:..1...

STAGIAIRE :	**UNITE COMMERCIALE** :
Nom : SERVOZ	Raison sociale : CONIFERE
Prénom : Annaelle	Adresse : Parc de la Plaine - Le Treige - 74600 SEYNOD

➢ **Besoin d'utilisation du système d'information commerciale :**

- Créer une carte de fidélité
- Réaliser un publipostage pour inciter les clients à venir la retirer au point de vente

➢ **Résultat(s) obtenu(s) :**

- Réalisation d'un fichier de 500 clients
- Envoi du publipostage le 10/06/05

➢ **Données utilisées (origine, mode d'accès, traitement, etc.) :**

- Fichier constitué à partir des adresses relevées sur les chèques

➢ **Ressources mobilisées (matérielles, logicielles, etc.) :**

- Logiciel de base de données
- Logiciel de traitement de texte WORD
- Imprimante couleur

➢ **Fonctionnalités du (des) logiciel(s) mises en œuvre :**

- **logiciel 1 :** - Mise à jour de la BDD
- **logiciel 2 :** - Création des documents (courrier + carte)
  - Insertion des champs de fusion (nom, prénom, adresse)
  - Fusion avec la BDD
-

➢ **Contrôle, stockage et diffusion des résultats :**

- Vérification des documents par M. CHARLES
- Contrôle de la base de données
- Envoi du publipostage

Compétences :

☒ 631	☒ 641
☒ 632	☒ 642

Savoirs :

☒ 821	☒ 822	☐ 823	☒ 841
☒ 842	☐ 843	☒ 844	☐ 853
☐ 871	☒ 872	☒ 873	

24 Le récapitulatif des activités et missions confiées dans le cadre des relations avec la clientèle

Ce document (annexe 9) a pour objectif de récapituler l'ensemble des activités et missions réalisées dans le cadre des relations avec la clientèle.

1. Distinction Activité-Mission

Activité	ou	Mission
Tâche ponctuelle réalisée dans le cadre de l'UC Exemples : - sélectionner une cible - réaliser une fiche produit		Ensemble cohérent d'activités en vue de la réalisation d'un même objectif Exemples : - réaliser un publipostage sur une clientèle ciblée - construire des supports d'aide à la vente

2. Forme

La forme est définie par la circulaire d'organisation du BTS MUC. Il s'agit de compléter les rubriques proposées.

3. Fond

Il s'agit de récapituler les actions menées.
Pour obtenir le meilleur résultat, il convient de réaliser une énumération en utilisant un vocabulaire précis et adapté. Chacune des missions sera présentée dans une fiche bilan (annexe 10) (voir fiche 25)

Le récapitulatif des activités et missions confiées dans le cadre des relations avec la clientèle

24

BTS MANAGEMENT DES UNITES COMMERCIALES
EPREUVE D'ANALYSE ET CONDUITE DE LA RELATION COMMERCIALE
SESSION 2006

RECAPITULATIF DES ACTIVITES PONCTUELLES ET DES MISSIONS CONFIEES DANS LE CADRE DES RELATIONS AVEC LA CLIENTELE

STAGIAIRE :	UNITE COMMERCIALE :
Nom : SERVOZ	Raison sociale : CONIFERE
Prénom : Annaelle	Adresse : Parc de la Plaine - Le Treige - 74600 SEYNOD

FICHES BILAN

N° de fiche	Intitulé de la mission
5	Etude de zone de chalandise
6	Action de fidélisation
7	Recherche de nouveaux fournisseurs

Activités ponctuelles

- Sélection d'un segment de clientèle
- Mise à jour de la BDD clients
- Conception de documents de communication (affiches - prospectus)

Activités ponctuelles

☐ C21 ☒ C41 ☐ C42 ☒ C5 ☒ C63 ☒ C64

25 Exemple de fiche mission confiée dans le cadre de la relation commerciale

BTS MANAGEMENT DES UNITES COMMERCIALES
SESSION 2006
EPREUVE D'ANALYSE ET CONDUITE DE LA RELATION COMMERCIALE

Fiche BILAN n°.5.......

☒ **RELATIONS AVEC LA CLIENTELE**
☐ **MANAGEMENT OPERATIONNEL DE L'EQUIPE COMMERCIALE**
(cocher la ou les cases concernées par la mission)

STAGIAIRE :	**UNITE COMMERCIALE :**
Nom : SERVOZ Prénom : Annaelle	Raison sociale : CONIFERE Adresse : Parc de la Plaine - Le Treige - 74600 SEYNOD
Intitulé de la mission : Etude de zone de chalandise	**Période :** 15 mai au 15 juin

COMPETENCES MISES EN OEUVRE			**SAVOIRS ASSOCIES MOBILISES**		
C12	Organiser le travail		**S41**	Les bases de la mercatique	
C21	Assurer le fonctionnement de l'UC		**S421**	La relation commerciale et son contexte	X
C41	Vendre		**S422**	La relation commerciale et le marché	X
C42	Assurer la qualité de service à la clientèle		**S423**	La relation commerciale et la mercatique opérationnelle de l'unité commerciale	
C51	Elaborer une offre commerciale adaptée à la clientèle		**S424**	Le contexte organisationnel de l'unité commerciale	
C52	Gérer les achats et les approvisionnements		**S425**	L'évaluation des performances	
C53	Mettre en place un espace commercial attractif et fonctionnel		**S531**	Le contexte réglementaire	
C54	Dynamiser l'offre de produits et de services		**S532**	L'équipe commerciale	
C63	Enrichir et exploiter le système d'informations commerciales	X	**S54**	L'organisation de l'équipe	
C64	Intégrer les technologies de l'information dans son activité		**S61**	Gestion courante de l'UC	
			S63	Gestion de l'offre de l'UC	
			S65	Evaluation des performances de l'UC	
			S7	Communication	
			S82	L'organisation de l'information	
			S84	Informatique appliquée à la gestion de la relation avec la clientèle	
			S853	La mise en place de l'offre dans l'UC	
			S87	Présentation et diffusion de l'information commerciale	

Utilisations du système d'information commerciale
Fiche(s) d'utilisation du système d'information commerciale n°: 2

ANALYSE SYNTHETIQUE DE LA MISSION
(contexte, degré d'autonomie, taille de l'équipe, objectifs, ressources, activités réalisées,....)

Détermination de la zone d'attraction à partir de la BDD.

Etude de la concurrence existante

Suite au verso

25 Exemple de fiche mission confiée dans le cadre de la relation commerciale

Verso de la fiche bilan

Au verso, pour chaque mission telle que définie dans la fiche 24, il convient de préciser :

- l'intitulé de la mission
- le contexte
- les objectifs
- les ressources
- les activités réalisées

Auto évaluation

Une auto évaluation fait apparaître :

- les points négatifs
- les points positifs

26 Exemple de récapitulatif des activités et missions dans le cadre du management

BTS MANAGEMENT DES UNITES COMMERCIALES
EPREUVE D'ANALYSE ET CONDUITE DE LA RELATION COMMERCIALE
SESSION 2006

RECAPITULATIF DES ACTIVITES PONSTUELLES ET DES MISSIONS CONFIEES DANS LE CADRE DU MANAGEMENT OPERATIONNEL DE L'EQUIPE COMMERCIALE	
STAGIAIRE : Nom : *SERVOZ* Prénom : *Annaelle*	**UNITE COMMERCIALE :** Raison sociale : *CONIFERE* Adresse : *Parc de la Plaine - Le Treige - 74600 SEYNOD*

FICHES BILAN

N° de fiche	Intitulé de la mission
9	*Organisation d'une réunion*
10	*Etude de la répartition des tâches de l'équipe*

Activités ponctuelles

- *Réalisation d'un planning des congés*
- *Participation à un séminaire de formation*

Compétences

☒ C12	☐ C21	☐ C63	☒ C64

27 Exemple de fiche mission confiée dans le cadre du management

BTS MANAGEMENT DES UNITES COMMERCIALES
SESSION 2006
EPREUVE D'ANALYSE ET CONDUITE DE LA RELATION COMMERCIALE

Fiche BILAN n°......10

☐ RELATIONS AVEC LA CLIENTELE
☒ MANAGEMENT OPERATIONNEL DE L'EQUIPE COMMERCIALE
(cocher la ou les cases concernées par la mission)

STAGIAIRE :	**UNITE COMMERCIALE** :
Nom : SERVOZ Prénom : Annaelle	Raison sociale : CONIFERE Adresse : Parc de la Plaine - Le Treige - 74600 SEYNOD
Intitulé de la mission : Etude de la répartition des tâches	**Période** : du 1er juin au 27 juin

COMPETENCES MISES EN OEUVRE			**SAVOIRS ASSOCIES MOBILISES**		
C12	Organiser le travail	X	**S41**	Les bases de la mercatique	
C21	Assurer le fonctionnement de l'UC		**S421**	La relation commerciale et son contexte	
C41	Vendre		**S422**	La relation commerciale et le marché	
C42	Assurer la qualité de service à la clientèle		**S423**	La relation commerciale et la mercatique opérationnelle de l'unité commerciale	
C51	Elaborer une offre commerciale adaptée à la clientèle		**S424**	Le contexte organisationnel de l'unité commerciale	
C52	Gérer les achats et les approvisionnements		**S425**	L'évaluation des performances	
C53	Mettre en place un espace commercial attractif et fonctionnel		**S531**	Le contexte réglementaire	X
C54	Dynamiser l'offre de produits et de services		**S532**	L'équipe commerciale	X
C63	Enrichir et exploiter le système d'informations commerciales		**S54**	L'organisation de l'équipe	X
C64	Intégrer les technologies de l'information dans son activité		**S61**	Gestion courante de l'UC	
			S63	Gestion de l'offre de l'UC	
			S65	Evaluation des performances de l'UC	
			S7	Communication	
			S82	L'organisation de l'information	
			S84	Informatique appliquée à la gestion de la relation avec la clientèle	
			S853	La mise en place de l'offre dans l'UC	
			S87	Présentation et diffusion de l'information commerciale	

Utilisations du système d'information commerciale
Fiche(s) d'utilisation du système d'information commerciale n°: 3

ANALYSE SYNTHETIQUE DE LA MISSION
(contexte, degré d'autonomie, taille de l'équipe, objectifs, ressources, activités réalisées,....)

- Observation de l'équipe
- Entretien avec chaque membre de l'équipe
- Construction du tableau de répartition

Suite au verso

27 Exemple de fiche mission confiée dans le cadre du management

Au verso, il convient de préciser :

- le contexte
- les objectifs
- les ressources
- les activités réalisées

Auto évaluation
Une auto évaluation fait apparaître : - les points négatifs - les points positifs

3ème partie

L'examen

28 Le déroulement de l'examen

1. Le règlement d'examen

L'épreuve d'Analyse et Conduite de la Relation Commerciale E5 constitue une des 6 épreuves obligatoires de l'examen (voir tableau récapitulatif en avant-propos). Elle évalue les compétences acquises au cours de la première année de BTS MUC d'une part et s'appuie sur un dossier obligatoire (voir fiches18 à 27) et d'autre part sur la résolution d'un problème commercial et/ou organisationnel proposé par la commission d'examen.

2. Planning

<u>1ère année</u> **Sept. à juin**	**Stage**	Réalisation des activités et missions dans le cadre de la convention de stage.
<u>2ème année</u> **Sept. à nov.**	**Mission de suivi**	Rédaction du dossier
Décembre	**Dossier**	Dépôt du dossier au centre d'examen
Janvier **Février**	**Epreuve ACRC** **Stage PDUC**	L'épreuve ACRC a lieu entre le 16 janvier et le 3 février 2006 pour l'ensemble des centres d'examen et du 3 au 7 juillet 2006 pour la Nouvelle Calédonie. Elle se déroule en parallèle du stage de PDUC, Projet de Développement d'Une Unité Commerciale (voir mémento ex 46)

3. Organisation des interrogations

Chaque commission d'interrogation interroge 3 candidats par demi-journée

	Matin		Après midi	
Accueil des candidats et appel	8 h		13h30	
	Loge	Interrogation	Loge	Interrogation
Candidat 1 Candidat 2 Candidat 3	8h15 9h15 10h15	9h- 9h45 10h - 10h45 11h - 11h45	13h45 14h45 15h45	14h30 - 15h15 15h30 - 16h15 16h30 - 17h15

Après l'appel, les candidats de la demi-journée restent en salle d'attente jusqu'à l'heure d'entrer en loge de préparation. Ils disposent alors de 45 mn pour préparer le sujet donné par la commission d'interrogation

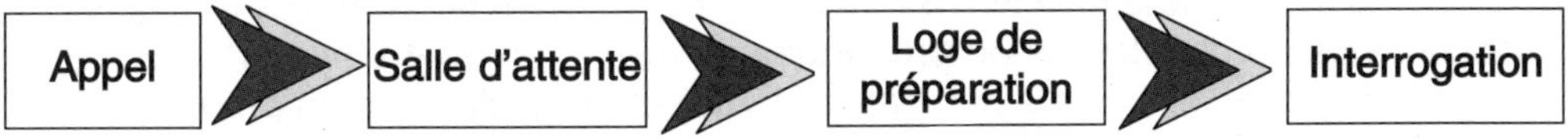

29 L'épreuve d'ACRC

L'épreuve d'ACRC est une des 3 épreuves dites professionnelles.

1. Objectifs

Cette épreuve permet d'évaluer :

- Les aptitudes du candidat à prendre en responsabilité des activités courantes dans une UC
⇨ maîtrise de la relation commerciale
⇨ contact efficace avec les autres intervenants dans la chaîne de la valeur de l'UC
⇨ qualité du management relationnel et organisationnel de l'équipe commerciale

- Les connaissances mobilisées dans ce cadre

- L'utilisation courante et efficace de l'information commerciale dédiée à ces activités

2. La forme

L'épreuve d'ACRC de **coefficient 4** est une épreuve **orale** de **45 mn** pour laquelle le candidat dispose d'un temps de **préparation** d'une durée de **45 mn**. Elle repose sur le dossier du candidat (voir fiches précédentes) et la résolution d'un problème commercial et/ou organisationnel.

L'expérience en entreprise sert de support à cette épreuve au travers des missions réalisées.

3. Déroulement de l'épreuve

Durée	Étape	Description
45 mn	**Préparation**	La commission d'interrogation remet un sujet à chaque candidat à l'entrée en salle de préparation. Il dispose de 45 mn pour traiter le problème posé et préparer son exposé
10 mn	**U.C.**	Présentation à la commission d'interrogation par le candidat - l'UC sous ses aspects commercial et organisationnel - le système d'information commercial
15 mn	**Le sujet proposé**	Exposé par le candidat sur le problème commercial et/ou organisationnel donné
20 mn	**Entretien**	Entretien avec la commission d'interrogation le reste du temps

La durée totale maximum de l'interrogation est de 45 mn.

30 La préparation de l'oral d'ACRC

Tout comme les épreuves écrites, la prestation orale devant un jury constitue une épreuve d'évaluation, évaluation de connaissances, de travail effectué et d'aptitudes à communiquer. C'est une épreuve comme une autre qui doit être préparée et qui, par sa nature, relève de la communication orale.

1. Connaître les caractéristiques de l'épreuve

Le référentiel de l'examen définit les épreuves en terme de contenu et de durée, il précise le temps de préparation. Pour vous préparer plus efficacement, étudiez les grilles d'évaluation : elles traduisent d'une part les attentes des examinateurs en matière de fond, de forme et de communication, et d'autre part l'importance donnée à chaque critère avec la répartition des points.

Votre épreuve orale semblable à un entretien professionnel permet au jury d'évaluer vos aptitudes à communiquer à l'écrit par vos dossiers, documents divers présentés et à l'oral par votre prestation et votre comportement.

2. Préparer les outils

Outre le dossier fourni au centre d'examen, vous apportez le jour de l'épreuve tout document permettant d'appuyer votre prestation.
Il convient donc de les choisir et les préparer avec minutie. Ce sont des outils de communication : organigrammes, photos, schémas, plans... (cf fiche 51)

Attention ! les supports ne doivent pas nécessiter l'utilisation d'un matériel spécifique (ordinateur, rétroprojecteur...).

3. S'entraîner à l'oral

Vous disposez de 16 mois pour vous préparer. Travaillez régulièrement. Exploitez au maximum votre formation pour acquérir de l'assurance et de l'expérience lors d'interventions diverses ou de séances d'entraînement programmées.

30 La préparation de l'oral d'ACRC

Ne négligez pas les conseils de vos enseignants et rappelez-vous qu'une bonne prestation orale est une prestation bien préparée.
Un entraînement est obligatoire pour respecter les consignes données : 10 mn pour présenter l'UC et son SIC.

Attention ! l'épreuve se déroule en parallèle du stage de PDUC ce qui implique une préparation à l'oral très tôt, en début de 2ème année sans perturber les missions préparatoires du stage de PDUC.

4. Préparer l'exposé sur le problème commercial et/ou organisationnel

Evidemment le sujet ne peut être connu à l'avance. Cependant le sujet sera semblable à ceux traités tout au long des 2 années de formation. Entraînez-vous ! Apprenez vos cours et recherchez leurs applications dans le quotidien de l'UC.

5. Savoir être à l'heure et en forme

Votre convocation vous précise le lieu, la date et l'heure auxquels vous devez vous présenter. Prévoyez d'arriver la veille pour reconnaître les lieux, ne pas avoir à vous lever à 5h00 du matin un jour d'examen, être sur place et éviter le stress de la panne de l'accident. C'est le grand jour ! Alors, pour être en forme, dispensez vous de sortie en " boîte ", déjeunez correctement et respirez pour vous décontracter.
Votre convocation vous invite à vous présenter à une heure donnée, cependant, pour des raisons diverses (même heure pour tous les candidats, attente en loge, retard pris par le jury...), vous devez sans doute attendre votre tour de quelques minutes à parfois plusieurs heures en salle d'attente. Utilisez cette attente judicieusement pour vous mobiliser, vous relaxer et vous concentrer sur votre prestation à venir. N'écoutez pas les " bruits des couloirs ".

31 Le problème commercial et/ou organisationnel

L'épreuve d'ACRC repose sur :

- la présentation orale du cadre de l'expérience en entreprise du candidat

et

- la résolution d'un problème commercial et /ou organisationnel en relation avec l'expérience en entreprise.

1. Les sujets

Les sujets sont élaborés au niveau national. Ils sont donc identiques dans toutes les académies.
Un sujet est prévu pour une demi journée. En conséquence, les 3 candidats d'une même demi journée auront le même sujet à traiter, ce qui justifie le passage en salle d'attente sans contact avec l'extérieur.

2. Le contenu

Le sujet proposé est organisé autour de 3 questions.

Question	Contenu	Exemples
1	La première question est une question de cours autour d'un thème ou d'une problématique	- les spécificités de l'offre en fonction des types d'UC - les étapes du choix pour un client d'une UC - le management de l'équipe, mission essentielle du manager - les enjeux de la relation commerciale

Question	Contenu	Exemples
2	Il s'agit de résoudre un problème commercial et/ou organisationnel à l'aide d'une ou plusieurs annexes (2 maximum). C'est un " mini-cas ". " A l'aide de l'annexe 1, résolvez le problème suivant :... "	- valorisation d'une commande - rentabilité d'une action promotionnelle - analyse de l'activité d'une UC - étude de la taille d'une équipe commerciale - actions de motivation de l'équipe - gestion d'un planning
3	Cette question a pour but de développer une synthèse et proposer un élargissement en relation avec les missions " A partir de votre expérience en entreprise et de vos connaissances, précisez.."	- les types de mission confiés à une équipe commerciale - les outils de fidélisation de la clientèle - les limites de la promotion des ventes dans la fidélisation - les enjeux de l'offre

3. La résolution

Vous disposez de 45 mn de préparation pour répondre aux 3 questions posées et formuler votre réponse. La présentation orale de votre exposé est limitée à 15 mn qu'il vous faut gérer le mieux possible. Il semble évident que la résolution des questions sera facilitée par une bonne connaissance des savoirs associés (voir mémentos GRC réf. EX48 et DUC ref EX50). Une préparation dans des conditions semblables à l'examen s'impose.

32 1er exemple de sujet

Thème : L'animation de l'équipe

Question 1

Montrez les enjeux de l'animation de l'équipe sur l'efficacité de l'UC.

Question 2

A l'aide de l'annexe, résolvez le problème commercial suivant :
Vous être l'assistant du point de vente Rêve de Bois spécialisé dans la commercialisation de chalets, abris, piscines en bois.
Votre responsable vous demande de mettre en place une procédure de recrutement pour faire face au développement de l'activité de l'UC.

1. Analysez l'activité commerciale de Rêve de Bois sur les 3 dernières années.
2. Déterminez les besoins quantitatifs de personnel supplémentaire pour réaliser les objectifs au printemps prochain.
3. Précisez quelles techniques d'animation vous allez privilégier pour dynamiser les ventes.

Question 3

A partir de votre expérience en entreprise et de vos connaissances, recherchez les techniques d'animation.

1er exemple de sujet

Thème : L'animation de l'équipe

ANNEXE

Evolution du chiffre d'affaires (en €)

Années	1	2	3	4	5
1er trimestre	532 800	540 900	622 035	715 340	822640
2ème trimestre	520 950	531 370	577 940	624 890	699 880
3ème trimestre	380 600	388 210	427 030	478 277	540 453
4ème trimestre	420 300	441 315	476 620	524 280	597 682

Répartition du CA par activité

Années	1	2	3	4	5
Chalets	80%	76%	76%	73%	70%
Mazots/abris	15%	16%	14%	15%	15%
Piscine	5%	8%	10%	12%	15%

Evolution des effectifs des commerciaux

Années	1	2	3	4	5
Effectif	3	3	3,5	4	4

Progression du CA envisagée

Votre responsable a fixé comme objectif pour l'année 6 une progression du CA au premier trimestre de 18%.
Il estime que pour réaliser cet objectif il devra embaucher.
Chaque commercial aura un objectif trimestriel de 202 000 €.

Corrigé disponible sur le site internet
www.le-genie.com

33 2ème exemple de sujet

Thème : la relation commerciale et la mercatique opérationnelle de l'UC

Question 1

Précisez les contraintes qui s'imposent à l'UC pour la fixation des prix.

Question 2

A l'aide de l'annexe, résolvez le problème commercial suivant :

Vous êtes l'assistant de Mr Dupont, responsable d'un supermarché de centre ville. Il vous confie deux missions concernant le lancement d'un nouveau service de livraison à domicile.

- Etude du prix d'un nouveau service de livraison à domicile
  - ▶ Déterminez le prix d'acceptabilité à partir des résultats de l'enquête que vous avez réalisée
  - ▶ Précisez l'intérêt et les limites de ces résultats

- Communication pour le lancement du service de livraison à domicile
  - ▶ Présentez les différentes actions à réaliser (cibles, support…) pour assurer le succès de l'opération.

Question 3

Présentez les enjeux des services dans la relation commerciale

ANNEXE

L'étude a porté sur 1000 clients de l'UC. Chaque interviewé a répondu à 2 questions

1. Au dessus de quel prix il trouverait le service trop cher

2. En dessous de quel prix le service ne serait pas crédible ?

Les réponses sont consignées dans le tableau ci-dessous :

Prix en €	Trop cher (1)	Trop bon marché (2)
2,5	0	314
2,6	56	242
2,7	47	71
2,8	42	75
2,9	37	26
3,0	26	76
3,1	101	124
3,2	251	32
3,3	178	14
3,4	111	26
3,5	151	0

Corrigé disponible sur le site internet
www.le-genie.com

4 La résolution du problème commercial et/ou organisationnel

Vous disposez de 45 mn en salle de préparation pour traiter le problème donné

1. Méthodologie

Une bonne gestion des 45 mn est indispensable pour préparer un bon exposé de 15 mn.

Lecture énoncé (5 mn)	Consacrez 5 mn à la lecture de l'énoncé, c'est-à-dire les questions posées et survolez l'annexe. Puis reprenez les questions une à une. Une bonne lecture est essentielle pour comprendre les attentes et répondre correctement.
Question 1 (7/8 mn)	C'est une question qui fait appel à vos connaissances et expérience. Listez rapidement vos idées en utilisant un vocabulaire adapté.
Question 2 (20 mn)	Identifiez le cadre du problème donné (entreprise, activité, produits, concurrence...). Repérez la ou les problématique(s). Après une lecture approfondie des annexes, exploitez-les. Réalisez les calculs si nécessaires. Rédigez votre réponse.
Question 3 (7/8 mn)	Cette question a pour objectif un élargissement en relation avec les missions. Elle fait aussi appel à la mobilisation de vos connaissances (savoirs associés) et expérience en entreprise.
Les 5 dernières minutes	Conservez 5 mn pour la relecture de vos réponses et la mise en ordre de vos documents.

2. La préparation de l'exposé

Un bon exposé nécessite une bonne préparation.

A éviter	A réaliser
- rédiger les réponses mot à mot	- utiliser une feuille p ar question
- rédiger recto -verso	- préciser le n° de la question en tête de feuille
- oublier la calculatrice	- présenter les réponses dans l'ordre de l'énoncé
- écrire de façon illisible	- paginer les feuilles
- éviter les paraphrases	- apporter des réponses adaptées au cadre proposé
- traiter les questions dans le désordre	- lister les réponses en utilisant des abréviations maîtrisées
- utiliser du vocabulaire argotique	- soigner la présentation de la réponse à la question 2 (tableau, graphique, …)
	- utiliser un vocabulaire professionnel

La bonne gestion du temps est le résultat d'un entraînement régulier au cours de la scolarité et d'une bonne maîtrise des savoirs associés. Vous pouvez pour cela vous référer aux mémentos GRC, MGUC et DUC chez le même éditeur.

35 Le déroulement de l'interrogation

1. Déroulement

Début de matinée ou après-midi	Un appel est réalisé. Le premier candidat de la demi journée est installé en salle de préparation. Les deux autres en loge d'attente. La commission d'interrogation dispose d'une heure pour prendre connaissance des dossiers des 3 candidats de la demi-journée.
Accueil	A la sortie de la salle de préparation, la commission vous conduit dans la salle d'interrogation où elle vérifie votre identité.
Exposé du candidat	Vous avez ensuite la parole pour présenter : - votre expérience en UC - votre travail sur le problème donné et préparé avant votre passage.
Entretien	Après avoir vérifié que vous avez terminé votre présentation en 25 mn maximum, la commission d'interrogation procède à un entretien sur la durée restante jusqu'à 45 mn au maximum.
Evaluation	A l'issue du face à face, la commission d'interrogation dispose de 15 mn pour évaluer votre travail et votre prestation, à partir d'une grille d'évaluation.

Le déroulement de l'interrogation 35

2. Composition de la commission d'interrogation

La commission d'interrogation est composée de 2 membres :

- ▶ un formateur ayant en charge les enseignements de :

  - Gestion de la Relation Commerciale ou
  - Management et Gestion des UC ou
  - Développement des UC

- ▶ un professionnel issu d'une UC ou un autre formateur

A priori, les interrogateurs ne vous sont pas hostiles et n'ont pas pour objectif de vous déstabiliser. A travers les questions, ils recherchent une précision, une information ou tentent de vous mettre sur la bonne voie. Ne vous obstinez pas, soyez à l'écoute, reformulez la question si nécessaire, prenez le temps de réfléchir et surtout restez calme.

36 Face à la commission d'interrogation

La prestation orale devant un jury constitue une épreuve d'évaluation de connaissances, de travail effectué et d'aptitudes à communiquer.

1. L'entrée en scène

Après une attente stressante que vous avez surmontée avec brio, vous allez pénétrer dans la salle où se trouve le jury. Vérifiez votre tenue vestimentaire, respirez à fond et expirez deux à trois fois. Franchissez les quelques mètres qui vous séparent du lieu d'interrogation d'un pas assuré et dynamique.

Pensez à votre objectif de convaincre votre auditoire tant par la parole que par vos attitudes et comportement.

2. La prestation

Vous restez debout pour dynamiser votre prestation, ou préférez la position assise dès lors que le jury vous y a invité pour éviter les déplacements inutiles.

Nous ne reviendrons pas sur les conseils de communication orale. Rappelons simplement que votre regard, vos expressions, votre corps, votre langage gestuel et votre attitude en général traduisent votre personnalité et vos émotions (voir " les attitudes à éviter" ci-après).

Observez vos interlocuteurs : leurs regards, leurs attitudes peuvent vous donner un feed-back de votre message. Mais inutile de culpabiliser si leur attention se relâche car, malgré leur conscience professionnelle, ils ne peuvent se concentrer en permanence.
Alors, adaptez-vous, modifiez votre attitude, changez de ton et reprenez.

Contrôlez la situation et ne dépassez pas le temps imparti.

Face à la commission d'interrogation 36

3. L'attitude à adopter

20 règles pour adopter la bonne attitude

Les attitudes	
A exclure	**A privélégier**
1- Regarder ailleurs 2- Lire ses notes sans relever la tête 3- Parler trop vite ou trop doucement 4- Utiliser un vocabulaire familier 5- Manipuler son stylo, un trombone ou une mèche de cheveux, toussoter, répéter des “euh” 6- Répondre aux questions sans réfléchir 7- “Noyer le poisson” ou paraphraser 8- Se perdre dans ses documents 9- Dénigrer les professeurs 10- Utiliser défensive et agressivité	1- Regarder le jury 2- Exposer de façon claire et structurée 3- Adopter un rythme dynamique mais prendre le temps de respirer 4- Utiliser un vocabulaire professionnel adapté 5- Rester calme, sourire, être détendu et avoir confiance en soi 6- Reformuler la question si nécessaire et prendre le temps de réfléchir à sa réponse 7- Avouer son ignorance est préférable 8- Maîtriser l’ensemble du dossier pour retrouver l’information rapidement 9- Faire référence à ses connaissances et expériences personnelles 10- Rester cool et souriant

37 L'entretien

1. Les 10 premières minutes

Vous disposez de 10 minutes maximum pour faire la présentation de votre dossier. Votre regard, vos expressions, votre corps, vos gestes et votre attitude en général vont créer le climat d'interrogation. Alors, souriez, respirez...

Afin de structurer votre prestation, vous " vendez " votre travail de 1ère année : il convient alors de valoriser votre connaissance de l'UC et votre maîtrise du SIC.

- Cette présentation doit être dynamique, alors utilisez les supports préparés.
- Regardez votre (vos) interlocuteur(s).
- Ne lisez pas.
- Intéressez la commission d'interrogation.
- Guidez la avec un stylo ou votre doigt sur les documents présentés.

2. Les 15 minutes suivantes

Ces15 minutes sont consacrées à un exposé présentant les réponses au problème posé par la commission.
Elles sont structurées autour de 3 questions. Choisissez un vocabulaire adapté pour valoriser votre prestation.

3. Les 20 dernières minutes

Après ces 25 minutes, commence l'entretien avec la commission d'interrogation, d'une durée maximum de 20 minutes si vous avez respecté le temps qui vous est accordé pendant les parties 1 et 2.

A partir de votre dossier, la commission d'interrogation cherche alors à vérifier à l'aide de questions :

- votre méthodologie de travail
- vos connaissances théoriques liées au dossier

L'entretien 37

Rappelez-vous qu'il s'agit d'un entretien avec le jury et non d'un QCM, ou d'un interrogatoire de police. Les interlocuteurs ne sont pas hostiles, et n'ont pas pour objectif de vous déstabiliser.

Les questions des interrogateurs portent sur :

- le contenu de votre dossier et votre méthodologie de travail (collecte des informations, sélection, choix des supports et des méthodologie...)
- les savoirs associés : mots clés, concepts

Les questions restent en relation directe avec votre dossier pour permettre d'apprécier vos aptitudes à :

- Rechercher des informations et observer le milieu professionnel
- Analyser les situations d'entreprises et les comportements professionnels
- Evaluer la diversité des missions exercées et le degré de couverture du champ professionnel
- Mesurer la responsabilité et l'autonomie dans les missions
- Maîtriser le vocabulaire professionnel et les concepts mercatiques
- Communiquer à l'oral

Les questions ne sont pas cependant posées dans l'ordre pour évaluer les différents pôles.
C'est tout au long de l'entretien que votre maîtrise du cours et vos analyses seront appréciées.

La commission d'interrogation cherche souvent à travers ses questions une précision, une information ou tente de vous mettre sur une bonne voie.
N'hésitez pas à reformuler la question pour la faire préciser par votre interrogateur.
Montrez au jury vos connaissances en utilisant les concepts et le vocabulaire professionnel adaptés d'une part et d'autre part vos aptitudes à réfléchir, analyser et communiquer grâce à votre culture, votre passion, votre sens commercial.
Vous avez aussi le droit de ne pas être d'accord avec le jury, alors argumentez, mais restez toujours calme, souriant et positif et ne vous obstinez pas.

38 L'évaluation

La commission d'interrogation constituée de plusieurs personnes, enseignants et/ou professionnels, se tient derrière une table ou un bureau au fond de la pièce. Son comportement est très variable : du jury souriant, accueillant au jury impassible qui dévisage le candidat. A vous de créer un courant de sympathie, de transmettre une impression d'ensemble positive… PNL et AT peuvent être d'une grande utilité si vous maîtrisez ces deux outils d'analyse de la relation (voir fiches 53 à 56).

1. L'observation

Lors des 25 premières minutes, la commission d'interrogation écoute votre exposé qui se déroule en 2 parties :

- description de l'UC et du système d'information commerciale
- réponse au sujet posé et préparé en loge

Pendant cette prestation, les membres de la commission vous observent et prennent des notes.

2. L'entretien

L'entretien qui se déroule par la suite permet à la commission d'interrogation de compléter votre prestation, de vérifier votre travail, d'évaluer votre maîtrise des méthodologies et des savoirs associés.

La qualité de la communication est évaluée tout au long des 45 minutes.

Vous trouverez ci-après quelques exemples de questions.

3. L'évaluation

La commission d'interrogation dispose de 15 minutes pour évaluer votre prestation. A cette fin elle dispose d'une grille qui lui fournit les critères d'évaluation (voir annexe 12.)

38 L'évaluation

Objectifs de la commission d'interrogation	Questions
Cadre général des missions - obtenir des précisions - consulter les carences de votre exposé - vérifier les utilisations des ressources informatiques - obtenir des éclaircissements - apprécier la qualité de vos analyses	- Quels sont les concurrents ? - Quel est le type de population de la zone de chalandise ? - Qui avez-vous rencontré ? - Quels sont les matériels et logiciels que vous avez utilisés ?
Problème commercial et/ou organisationnel - vérifier la compréhension - apprécier la qualité de vos analyses - généraliser - évaluer l'étendue de vos connaissances	- Quelle stratégie préconisez-vous ? - Quelle est la fiabilité de ces résultats ? - Qu'en pensez-vous ? - Quels autres exemples ? - Définissez-nous le terme… - Qu'appelle-t-on ? - Rappelez-nous… - Connaissez-vous d'autres techniques ? - Quelles sont les particularités ? Les avantages ? Les limites ?
Les missions - vérifier la réalité de votre travail, la véracité de vos propos - évaluer la diversité des missions et la couverture du champ professionnel - contrôler l'autonomie et les responsabilités que vous avez prises	- Pourquoi avez-vous retenu cette méthodologie ? - Citez-nous d'autres techniques - Selon vous, quelles perspectives peut-on envisager ? - Quel est l'intérêt d'une telle action ? - Quels sont les enjeux de la connaissance de la clientèle de l'UC ?

4ème partie

Les fiches outils

39 Maîtriser les bases de la communication

Communiquer aujourd'hui, c'est rédiger un CV, une lettre de motivation, téléphoner à un responsable de stage, réaliser un document publicitaire pour l'UC, vendre. Les situations de communication sont nombreuses et la réussite où l'échec de l'action engagée s'explique dans une large mesure par votre aptitude à communiquer.

1. Connaître le système de communication

Le système de communication comporte quatre éléments : la source, le message, le vecteur et le récepteur.

La source est celui qui émet le message

Le vecteur, ou médium, est le moyen utilisé pour transmettre le message. Ce peut être l'entretien oral avec un client, la publicité télévisée, la lettre...

Le décodage doit permettre au récepteur de prendre conscience de l'exact message que l'on a voulu lui transmettre. La principale difficulté de la communication est de ne pas introduire de biais dans l'utilisation des codes afin que le message qui parvient au récepteur soit exactement celui que la source a envoyé. Les exemples d'incompréhension ou de malentendus sont légions dans la vie courante. En publicité, en voulant donner une image de tradition à un produit, on prend le risque de le faire paraître "ringard" si le public ne partage pas le système de valeur, et donc les codes, de l'émetteur.

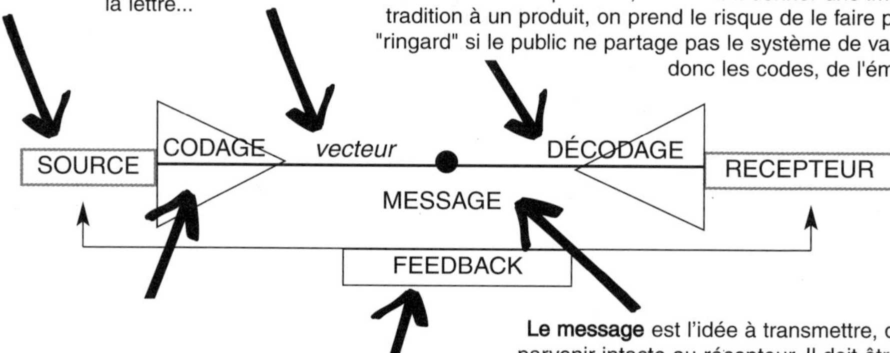

Le message est l'idée à transmettre, qui doit parvenir intacte au récepteur. Il doit être codé pour être compris, la technique actuelle ne permettant pas encore la télépathie.

Le codage peut être fait sous forme de mots (la langue française), de gestes (exprimant la joie ou la colère), de couleurs (blanc pour la pureté, rouge pour la chaleur), de sons (musique allègre ou lente)...

Le feed-back (retour d'informations) est capital pour vérifier que le message a bien été reçu dans les bons termes. Il est aisément réalisable dans la communication de face à face si l'on est réceptif aux réactions de l'interlocuteur ou grâce à des questions de contrôle. Il est inexistant dans le domaine publicitaire, et doit donc être artificiellement mis en oeuvre à l'aide d'études de mémorisation, d'image...

39 Maîtriser les bases de la communication

2. Identifier les freins à une bonne communication

Dans toute communication, des altérations existent. Seulement 10 % de l'information arriveraient à destination.

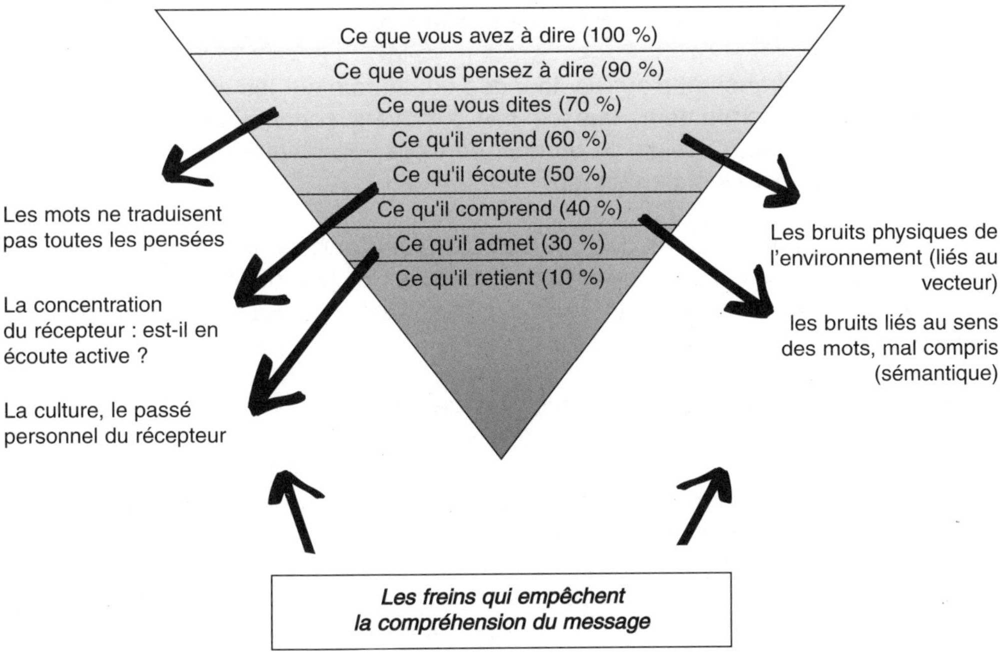

39 Maîtriser les bases de la communication

3. Emettre des messages clairs

Les sources sont multiples.

• La communication de l'UC va bien au delà de la simple publicité : de nombreux autres messages la concernant sont perçus par le marché.

• L'UC elle même transmet d'autres données qui agiront sur les attitudes et le comportement du consommateur, que ce soit à travers son marketing mix (image, accueil, prix pratiqués, design du produit, services) ou d'autres facteurs (rapports annuels d'activité, grèves, parrainage).

• Les média sont eux-mêmes des sources car d'une part ils donnent à travers leur contenu rédactionnel une opinion sur l'UC, d'autre part le choix de l'environnement dans lequel se situera une publicité (FRANCE DIMANCHE ou LE MONDE) influera sur son efficacité et sa crédibilité.

• La concurrence transmet sur nos produits des messages qui sont évidemment différents des nôtres.

• Le consommateur lui-même est une source d'information influençant ses connaissances par le biais du bouche à oreille.

Certaines de ces sources ne sont pas contrôlables (bouche à oreille, concurrence), mais l'UC doit agir sur celles qu'elle contrôle en veillant à la cohérence des messages transmis. Tout moyen de communication avec le marché doit donc s'intégrer dans une démarche globale : publicité, papier à lettre, argumentaire des vendeurs, service consommateurs...

40

Maîtriser la communication écrite

Rédiger un devoir, un compte rendu de stage, un dossier d'étude, une demande d'informations ou une lettre de motivation... Nombreuses sont les occasions tant dans la vie professionnelle que personnelle qui nous obligent à communiquer à l'écrit. Vous trouverez ci-après une méthodologie pour rédiger efficacement tous vos écrits dans les mois à venir.

1. Choisir le type de document à utiliser

Vous devez dans un premier temps vous interroger sur le document adapté à la situation. Faut-il composer une dissertation, un roman ou rédiger une note, un compte rendu, un rapport ? Le choix est en fait souvent déterminé par le demandeur ou destinataire de l'écrit. Votre professeur ou le sujet vous précisera la forme sous laquelle vous devez répondre aux questions posées, de même qu'un maître de stage vous conseillera ou imposera le document professionnel à privilégier.

Choisir le document professionnel adapté à la situation

DOCUMENT	DÉFINITION	UTILISATION
LETTRE	Document de communication externe	Correspondance commerciale avec les clients, fournisseurs, ou autres interlocuteurs de l'entreprise.
RAPPORT	Document de communication interne ou externe destiné à préparer les décisions du demandeur.	Rapport d'enquête, de projet
COMPTE RENDU	Document destiné à rapporter ou relater des faits, événements du passé	Compte rendu de réunion, d'accident, de cérémonie
NOTE	Document utilisé pour donner des directives ou préciser des points particuliers avec autorité	Note de service, transmission d'information

2. Définir les objectifs du document

Avant toute rédaction, il vous faut :

- préciser vos objectifs : restitution de connaissances, information, réflexion ou analyse...
- identifier son destinataire et ses lecteurs : un professeur ou un chef d'entreprise n'aura pas la même lecture, les mêmes attentes, de votre rapport de stage.

40 Maîtriser la communication écrite

Votre professeur demandera un document adapté à l'épreuve d'examen, votre responsable de stage recherchera des informations ou une analyse préalable à une prise de décision, l'objectif de tout écrit professionnel est d'informer.

• déterminer sa date d'achèvement et sa longueur : résumé de 10 lignes ou rapport de 20 pages ne demandent pas le même temps de rédaction.

3. Rechercher les idées

Construire un exposé, traiter un sujet de devoir ou rédiger un rapport d'étude sont autant d'occasions de rechercher les idées nécessaires à la construction de l'écrit. Une collecte de documentation et votre propre réflexion vous aideront à supprimer les données inutiles ou superflues et à retenir les idées à organiser.

4. Structurer

Après la phase créative vient la phase organisationnelle pour présenter votre écrit de façon à ce que le message soit bien reçu. Comme la plupart des individus, votre lecteur est probablement submergé par des informations de toutes sortes. Il est probable qu'il ne lise pas mot à mot votre document et qu'il le parcourt rapidement pour trouver l'information recherchée. Alors adaptez-vous à cette psychologie. Ne considérez pas que votre écrit sera lu intégralement ou dans l'ordre dans lequel vous l'avez disposé. Placez les informations qui doivent être lues dans les endroits stratégiques : en introduction et en conclusion, et les détails moins importants dans les paragraphes du milieu. Classez vos idées afin d'équilibrer les différentes parties du travail écrit et construisez un plan cohérent en 3 ou 4 parties.

5. Rédiger

Cette phase exige une grande concentration, aussi la rédaction est facilitée si vous n'êtes pas interrompu. Privilégiez donc les périodes relativement calmes de la journée (de bonne heure le matin, tard le soir ou pendant la pause de midi). Isolez-vous (bureau vide, sans téléphone...) pour minimiser les distractions.

Rédiger votre document dans un langage précis, simple, clair. Evitez les phrases lourdes, les mots trop longs et le vocabulaire trop technique. Recherchez un style adapté à votre lecteur, vérifiez le respect de la ponctuation, de l'orthographe, la concordance des temps...

6. Préparer les annexes

Votre travail vous a conduit à ne retenir dans le corps du document que les éléments essentiels. Cependant parfois, il convient d'éclairer le lecteur sur des points précis, des sources d'informations consultées ou d'apporter des détails secondaires : cartes, graphiques, tableaux de données, schémas... Ces différents outils seront réunis en fin de dossier pour permettre une recherche éventuelle.

Connaître les règles d'écriture

41

Pour bien communiquer à l'écrit avec vos interlocuteurs, il est important de respecter certaines règles d'écriture.

1. Espacements

pas d'espace avant ni après	/ ' _
pas d'espace avant, un espace après	. , ...
un espace avant, un espace après	: ; ! ? % + - x /
un espace à l'extérieur, pas d'espace à l'intérieur de	( ) - - « »

2. Abréviations

les mots abrégés ne sont pas suivis d'un point ➔ Bd
les sigles s'écrivent en majuscules ➔ B.N.P.
les abréviations usuelles des adresses sont :

Rue	R	Lieu dit	«...»	Etablissements	Ets
Bâtiment	Bât	Première	1re	Passage	Pas
Cours	Crs	Allée	All	Clos	Cl
Avenue	Av	Deuxième	2me	Zone industrielle	ZI
Boulevard	Bd	Square	Sq	Zone d'activité	ZA
Saint	St	Annexe	Ann	Monsieur	M.
Place	Pl	Chemin	Ch	Madame	Mme
Sainte	Ste	Société	Sté	Mademoiselle	Mlle
Route	Rte	Centre	Cen	Directeur	Dir
Faubourg	Fg	Compagnie	Cie	Docteur	Dr
Premier	1er	Impasse	Im	Maître	Me

3. Coupure de mots

Un mot peut être coupé :

- entre deux syllabes (li-vre)
- entre 2 consonnes doublées (bois-son)
- après un préfixe (trans-porter)

On ne coupe jamais :

- un mot composé ailleurs qu'au trait d'union (porte-parapluie)
- un nom propre, sauf s'il est composé (THEVENON)
- un sigle (BFCE)
- avant ou après l'apostrophe (aujourd'hui)
- après le «t» euphonique (y a-t-il)
- un nombre (7 850)

Pour rendre la coupure impossible, il convient d'insérer un espace insécable à la place de l'espace ordinaire. Exemple : sur WORD «CTRL ALT + espace».

42 Présenter un courrier

Vos courriers traduisent l'image de l'entreprise, votre volonté commerciale et votre sérieux.

La disposition normalisée est la suivante (format A4 21 X 29,7) :

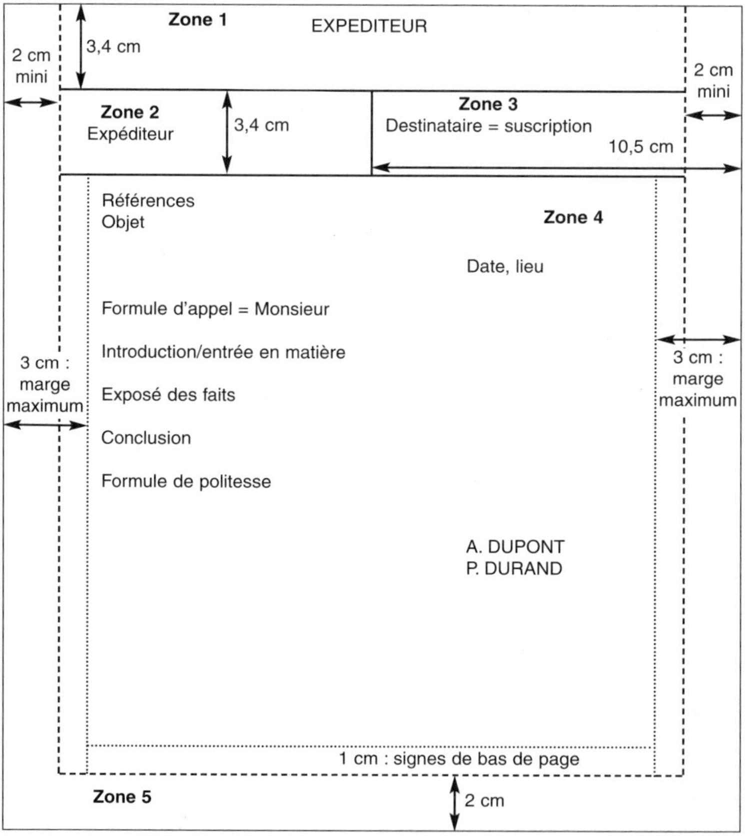

ZONE 1 : mentions obligatoires concernant l'expéditeur, raison sociale, forme juridique, adresse postale

ZONE 2 : mentions facultatives concernant l'expéditeur, références bancaires et postales, téléphone, télex, fax

Présenter un courrier 42

ZONE 3 : suscription : désignation et adresse du destinataire
On écrit « à l'attention de» :
1ère ligne : Nom, Prénom et société
2ème ligne : Titre, fonction ou société
3ème ligne : en blanc
4ème ligne : numéro, voie
5ème ligne : BP, lieu dit
6ème ligne : code postal et bureau distributeur, CEDEX en majuscules

ZONE 4 : corps du texte

ZONE 5 : mentions facultatives concernant l'expéditeur (comme Zone 2)

Rappel : La formule de suscription doit être identique aux formules d'appel et de politesse.

Enveloppe 162 x 114

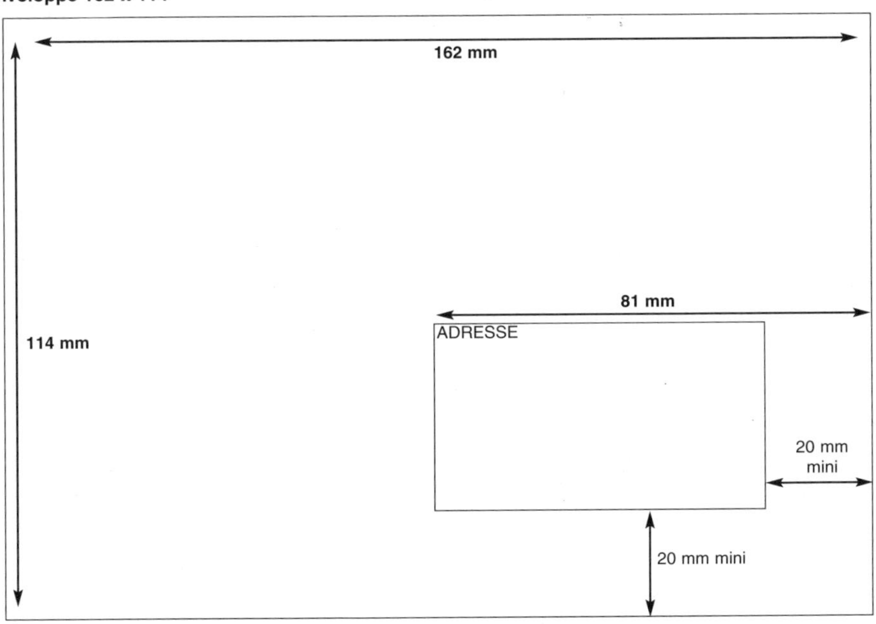

43 Rédiger un CV

Sauf pour quelques cas très particuliers (vous êtes embauché dans l'entreprise de papa, vous cherchez un emploi de plongeur dans un restaurant...), le CV est l'arme incontestable de la recherche d'emploi.

Il permet au recruteur de «faire connaissance» avec vous avant de vous rencontrer.
Il est l'expression de vos savoirs, de vos savoir-faire et de vos savoir être.
Il doit faire la différence avec d'autres CV avec lesquels vous serez en concurrence et, à ce titre, mieux vaut présenter votre personnalité à partir de vos responsabilités et de vos compétences.
Un recruteur s'accorde en moyenne 30 secondes pour évaluer un dossier de candidature. Le contenant s'avère alors aussi important que le contenu. Il faut savoir plaire, se démarquer, tout en restant subtilement dans la norme.

1. Le fond

A compétences égales, c'est la personnalité qui fait la différence.
Apprenez à vous connaître de plus en plus afin que votre personnalité fasse la différence vis à vis de vos concurrents pour ce poste. Il faut donc déjà donner des éléments sur vos compétences (ou savoir être) afin que votre futur patron ou tuteur les mette en correspondance avec le profil de poste qu'il a défini.
Votre CV doit donc reprendre ces points précis. Pour cela, vous devez consacrer du temps et de la réflexion afin de bien le concevoir en fonction des éléments énoncés dans cette optique.

LES POINTS CLÉS

- Etat civil
- Diplôme
- Poste recherché
- Autres activités
- Expérience

Valorisez vos expériences :
Il serait bon également d'avoir deux ou trois CV différents afin de les avoir à disposition pour vous adapter aux différentes formes de management des entreprises.

2. La forme

Dans chaque dossier de candidature, le chef d'entreprise ou son DRH (Directeur des Ressources Humaines), attend de pouvoir rencontrer ses futurs salariés. Pour cela,

Rédiger un CV 43

vous devrez faire un effort de présentation, de clarté et de lisibilité dans la construction de votre CV afin que votre futur employeur puisse repérer immédiatement votre potentiel. A condition de savoir vous adapter à la fonction recherchée, vous pouvez également sortir du lot en transformant votre vision du CV, de la présentation classique à une véritable plaquette publicitaire qui vante un produit : vous !

• Vous voulez travailler dans la pub ? Envoyez plutôt deux photos extraites de votre press book qu'un descriptif classique de vos activités.
• Le poste que vous visez requiert une dose de psychologie (ressources humaines, management...) ? Présentez un CV en 3 S : Savoirs (formation), Savoir faire (techniques), Savoir être (comportements).
• Vous visez un poste commercial ? Votre CV peut se transformer en argumentaire (attention, il faut l'adapter à chaque entreprise) du type : avantage (solide expérience de la clientèle) + preuve (2 ans comme chef de secteur chez Handiplus).
Votre CV ne doit pas dépasser une page.

LES 10CONSEILS DE BASE POUR UN CV ATTRACTIF

1- Ne pas écrire Curriculum vitae en titre
2- Ne pas écrire des évidences (Nom : DUPONT, prénom : Christophe). Si votre identité comporte deux prénoms, vous indiquerez notre nom en majuscules et votre prénom en minuscules
3- Ne pas être créatif pour un poste «classique» et ne pas être «classique» pour un poste créatif. Adaptez-vous en fonction de la personne qui va vous recruter !
4- Eviter de se dévaloriser ou oublier des éléments importants de votre parcours professionnel
5- Choisir du papier et une enveloppe corrects
6- Le CV doit être dactylographié
7- Les fautes d'orthographe sont à bannir !
8- Mettre en avant ce qui fait votre originalité (secteur d'activité, compétence technique, passion hors normes, activités dans une association...)
9- Ne pas tricher. Votre CV sera de toute façon la base de l'entretien d'embauche et le recruteur saura alors en repérer les faiblesses.
10- Enrichir votre mise en page : insérez une photo, faites ressortir les éléments essentiels...

44 Rédiger une lettre de motivation

Pas de dossier de candidature à un emploi ou une recherche de stage sans une lettre de motivation, passage obligé de la recherche d'emploi efficace. Si le CV est la plaquette publicitaire qui valorise l'ensemble de votre parcours, la lettre de candidature en est le texte d'accompagnement, destiné à attirer l'attention du recruteur sur des points particulièrement importants et sur votre adéquation aux qualités requises pour un poste. Elle a pour objectif, comme la lettre d'un mailing, d'attirer l'attention et de convaincre de votre valeur en soulignant les arguments essentiels qui font de vous un bon candidat.

Veillez donc à soigner autant le fond que la forme.

1. La forme

Soyez pro :

• **Restez classique dans le choix du papier** (A4 blanc) et dans la longueur de votre texte (1 page maxi). Le recruteur s'accorde souvent moins d'une minute par candidature, il faut donc attirer son attention tout en restant dans les normes.

• **Ecrivez lisiblement.** L'écriture manuscrite est un passage obligatoire en France, où 85 % des entreprises font appel à la graphologie pour cerner le profil psychologique des candidats. Pas question donc de taper la lettre. Si vous répondez à une annonce, appliquez-vous pour que le texte soit facilement lisible. Ne cherchez pas cependant à déguiser votre écriture, cela n'est d'aucune utilité. Par contre, pour une candidature spontanée ou pour faire suite à une conversation téléphonique, tapez votre lettre sur traitement de texte pour donner une image professionnelle.

• **N'oubliez pas de garder une copie de toutes les lettres** que vous envoyez. C'est votre dossier qui servira de base au recruteur pour mener l'entretien d'embauche. Il faut donc que vous puissiez anticiper ses questions.

2. Le fond

Personnalisez au maximum votre demande. Le dossier de candidature dans une entreprise n'est pas un prospectus sans âme. Vous devez valoriser le destinataire en montrant que le choix de sa société est une démarche réfléchie. Pour susciter l'intérêt de l'entreprise, demandez-vous d'abord de qui elle a besoin, puis cherchez à mettre en valeur, parmi vos compétences et vos expériences, celles qui lui correspondent le mieux.

Rédiger une lettre de motivation 44

Dans une lettre de réponse à une annonce, n'hésitez pas dans votre premier paragraphe à imiter le style de présentation de l'annonce pour inciter le recruteur à retenir votre proposition parmi des centaines d'autres.

En conclusion, n'hésitez pas à proposer une rencontre et faites un suivi par téléphone.

La lettre de candidature est la vôtre, celle qui met en valeur vos arguments. Elle doit donc être faite avec vos mots à vous, évitez de reprendre des paragraphes types, sans personnalité, et bon courage dans vos démarches !

LES ERREURS À ÉVITER

1- Votre lettre est photocopiée : le recruteur ne la lira même pas, direct à la corbeille.
2- Vous écrivez la même lettre à toutes les entreprises : sans personnalisation, vous diminuez vos chances d'attirer l'attention
3- Vous n'avez pas fait relire votre texte : votre écriture est illisible ou encore pire, il y a des fautes d'orthographe
4- Vous écrivez sur du papier à fleurs : ne confondez pas le recruteur d'une grande entreprise avec votre petit(e) ami(e)
5- Votre lettre fait 3 pages : si le texte est trop long, il ne sera pas lu
6- Vous joignez une enveloppe timbrée pour la réponse : si l'entreprise n'a pas les moyens de payer un timbre pour vous répondre, n'espérez pas qu'elle puisse vous payer.

44 Rédiger une lettre de motivation

VÉRIFIEZ L'EN-TÊTE

Il peut être manuscrit ou dactylographié. Votre prénom (en minuscules) avant votre nom (en majuscules). Ce n'est pas la peine d'indiquer Mr ou Mme si c'est évident. Indiquez bien sûr votre adresse postale et votre téléphone ou e-mail. L'en-tête peut également être imprimé sur papier à lettre ou vous pouvez joindre une carte de visite si vous en possédez. Elles sont aujourd'hui facilement produites par des «machines minute» que l'on peut trouver dans les galeries marchandes.

IDENTIFIEZ LE DESTINATAIRE

Pour maximiser l'efficacité de votre démarche, il est indispensable d'identifier personnellement votre correspondant. Ceci donne un meilleur impact à votre courrier, et vous permettra en outre d'effectuer une éventuelle relance téléphonique, quasi impossible autrement. Le nom de la personne figure généralement sur les petites annonces, il convient donc de s'y référer. Pour les candidatures spontanées, la démarche est plus délicate mais indispensable. Pour obtenir le nom recherché, plusieurs moyens sont à votre disposition : les annuaires professionnels, les fichiers de votre CCI ou des syndicats professionnels, un phoning préalable...

INDIQUEZ LES RÉFÉRENCES - OBJET

Pour vous, le sujet de la lettre est évident, mais pas pour le destinataire. Certains services de Ressources Humaines croulent sous les candidatures. Simplifiez-leur la tâche, ils vous en seront reconnaissants. Si vous n'avez pas de références à indiquer, spécifiez cependant clairement l'objet de votre démarche. Là encore, le tri sera plus facile à effectuer par le service concerné.

DATEZ

N'oubliez pas d'indiquer le lieu et la date sur votre lettre. D'abord parce qu'il est impoli de les omettre, ensuite parce que votre lettre ne sera pas forcément exploitée dans l'immédiat et que six mois ou un an plus tard, il sera bon de pouvoir déterminer la période à laquelle elle a été écrite.

Michèle KEJEM
3 rue des Abeilles
91300 Mantilly Les Fleurs
Tél 01 01 01 01 01

A l'attention de Mr Armati
Direction des Ressources
Humaines

France apiculture
4 rue des pots de miel
94242 LES OURS

Mantilly,
le 10 novembre 2002,

Vos références : annonce L'Extension n°348
Objet : candidature à un poste d'attachée commerciale

Monsieur,

Votre annonce parue dans L'Extension du 14 octobre 2002 a retenu mon attention et je souhaite par la présente faire acte de candidature au poste d'attachée commerciale que vous proposez.
Je pense que ce poste correspond à ma formation et à mes aspirations. Je recherche un emploi exigeant et enrichissant, tant professionnellement (responsabilités, négociation...) qu'humainement (contact, travail en équipe). Particulièrement attirée par le domaine agro-alimentaire, je serai très intéressée par un poste dans votre entreprise.
Au cours de ma formation de BTS, j'ai pu tester mes capacités à la relation client, lors de nombreuses activités en entreprise orientées avant tout vers la prospection commerciale dans le domaine alimentaire. Les résultats que j'ai pu obtenir lors de ces missions sont concluants (par exemple troisième vendeur national du challenge France Confiture 2002), ce qui m'incite à persévérer dans cette voie.
Je serai heureuse de vous rencontrer pour vous donner plus de détail sur mes expériences et ma motivation.
Je vous prie d'agréer, Monsieur, mes salutations distinguées.

Michèle KEJEM

RESTEZ NEUTRE

Evitez les «Chère Madame Robert» si vous ne connaissez pas la personne concernée.

PRECISEZ VOTRE DEMANDE

Indiquez clairement le poste que vous recherchez, ou en tout cas le domaine d'activité dans lequel vous souhaitez exercer. Evitez les demandes trop vagues, qui montrent que vous ne savez pas ce que vous voulez et n'inspirent pas confiance au destinataire. Cette contrainte implique de vous connaître et de réfléchir à vos aspirations avant de prospecter.

SITUEZ VOTRE ENVOI

Indiquez d'où vous vient l'idée d'écrire. Cette information intéresse les recruteurs qui recherchent toujours les moyens les plus efficaces de susciter des candidatures intéressantes. S'il s'agit d'une annonce, indiquez ses références précises (titre du magazine et date). S'il s'agit d'un article de presse, d'une information dans votre école ou sur un salon, précisez-le également.

VALORISEZ-VOUS

A vous de sélectionner dans votre CV les éléments fondamentaux à faire ressortir pour la demande concernée. Ce peut être une expérience dans le même secteur d'activité, une formation à certaines techniques. Il faut aussi mettre en avant ce qui fait votre originalité : pourquoi vous choisir à la place d'un autre candidat ?

MONTREZ VOTRE MOTIVATION

Pour donner envie au recruteur de faire connaissance avec vous, sachez mettre en valeur votre dynamisme et votre adéquation avec l'emploi recherché. Personnalisez votre démarche en soulignant les éléments que vous savez en adéquation avec l'entreprise ou le poste visé : sens du contact pour un vendeur, rigueur pour un gestionnaire...

SIGNEZ

Evidemment, ce n'est pas une lettre anonyme. Ne mettez pas votre nom avant votre prénom. Signez plutôt à droite, dans l'alignement de l'adresse du destinataire et de la date.

RESTEZ POLI

Précisez votre objectif de décrocher un entretien. Utiliser ensuite une formule de politesse classique qui ne vous dévalorise pas (ex : veuillez recevoir ma respectueuse considération) et reste neutre (évitez les «chaleureusement vôtre» ou «très amicalement»). Reprenez, dans la formule de politesse, le titre que vous avez utilisé en première ligne.

Prendre des notes 45

60 % d'une information orale sont oubliés dans les 24 heures. Dans le cadre de votre formation, vous assistez à des cours, des conférences, vous visitez des entreprises, des salons, et pour garder trace de ces informations reçues, vous prenez des notes. Cette prise de notes vous fournit les éléments de base pour assimiler les notions, ou rédiger un compte-rendu.

1. S'informer préalablement

Prendre des notes lors d'une prestation orale est une tâche complexe qui demande plusieurs mois d'entraînement. La tâche est facilitée par la connaissance préalable du sujet, même partielle. En effet, vous mémoriserez et comprendrez plus difficilement des faits que vous découvrez. Faites donc un effort de recherche d'information préalable sur le sujet, l'entreprise, le concept... Grâce à cette démarche, vous préparez les questions clés à poser aux interlocuteurs rencontrés et vous recueillez des données pertinentes pour votre dossier. Prévoyez un matériel adapté (carnet, cahier en visite sur le terrain, éventuellement feuilles volantes en salle que vous numérotez) et utilisez un système d'abréviations. Quelques signes symboliques (astérisques, soulignements, flèches, panneau STOP, ATTENTION...) vous permettent de visualiser les points clés.

Exemples d'abréviations	*Exemples de symboles*	
	+ : et	↗ : augmenter
sté : société	≠ : différent	↘ : diminuer
avt : avant	< : inférieur à	→ : implique
nb : nombre	> : supérieur à	W : travail
ppal : principal	∃ : il existe	? : question
cplt : complément	∄ : il n'existe pas	K : capital
	∀ : quel que soit	

2. Ecouter

Prêt pour la prise de notes, adoptez une attitude d'écoute active. Votre écoute sera d'autant plus efficace si vous êtes bien placé pour entendre et voir l'orateur. Evitez de vous disperser, vous perdrez le fil conducteur. Concentrez-vous.

45 Prendre des notes

3. Prendre des notes

• Soyez attentif dès le début, l'orateur dans son introduction doit vous indiquer son fil conducteur, notez le soigneusement. Sinon, vous devrez essayer de reconstituer le plan suivi et la démarche.
Les notes prises seront organisées sur la page (au recto uniquement). Les phrases seront raccourcies sans toutefois devenir incompréhensibles à la lecture et seules les idées importantes seront rédigées. Cette opération se doit d'être faite intelligemment.

A supprimer	*A conserver*
• articles • pronoms : - possessifs - personnels, - démonstratifs, - relatifs. • adjectifs qualificatifs non essentiels • phrases de transition	- noms clés, - verbes, - adjectifs qualificatifs essentiels, - plan, - exemples.

mots clés et points clés →

Date	Coordonnées de l'intervenant	Numérotation
	I II III IV	

← *notes selon le plan proposé*

Il est rare de pouvoir tout noter, assurez-vous de pouvoir consulter les notes d'un camarade. Enfin, après l'intervention, relisez vos notes, classez-les et utilisez-les.

Rédiger un compte rendu 46

Le compte rendu est un document succinct qui décrit un fait, une intervention... A l'aide de vos notes, vous présenterez une fiche de compte rendu de visite ou de conférence utilisable pour l'examen.

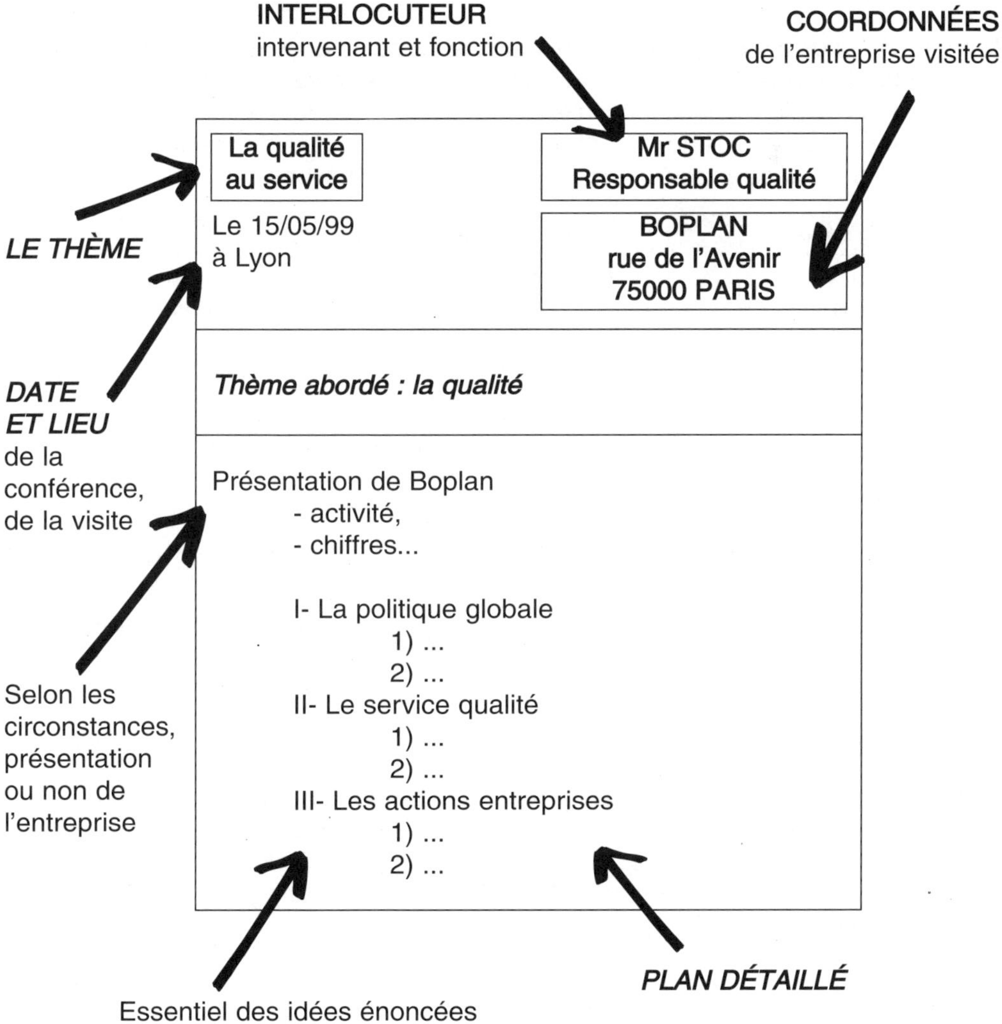

47 Présenter un dossier

Un dossier est fréquemment réalisé pour présenter une action, une étude…
Vous retrouverez les consignes de rédaction dans la fiche n°40.

1. Préparer les annexes

Votre travail vous a conduit à ne retenir dans le corps du document que les éléments essentiels. Cependant parfois, il convient d'éclairer le lecteur sur des points précis, des sources d'informations consultées ou d'apporter des détails secondaires : cartes, graphiques, tableaux de données, schémas... Ces différents outils seront réunis en fin de dossier pour permettre une recherche éventuelle.

ELÉMENTS	RÔLES	PRÉSENTATION
TABLES DES MATIERES OU SOMMAIRE	Donne une vue d'ensemble et favorise l'accès direct à une partie du texte.	Titres et sous-titres accompagnés de la pagination.
LISTE DES ANNEXES	Favorise l'accès aux documents annexés.	Noms et numéros des annexes.
ANNEXES	Apportent des détails supplémentaires et permettent de faciliter la lecture du document.	Présentation : Mention dans le texte (voir annexe n°...).
BIBLIOGRAPHIE	Récapitule les sources documentaires utilisées.	Titre, sources, date, éditeur. La source est indiquée dans le texte après chaque citation.
DOSSIER	Présente votre travail, votre projet, votre étude... Permet d'agir.	Structuré avec introduction, développement et conclusion.

2. Mettre en forme

Tout travail écrit sera valorisé par sa présentation. Un travail manuscrit sera rendu plus lisible grâce à l'écriture, la couleur et le soulignement des titres de paragraphes... Dans le domaine professionnel, il est indispensable d'utiliser l'outil informatique et les différents logiciels de traitement de texte, tableur ou autre pour mettre en forme le document définitif

47 Présenter un dossier

ELÉMENTS	INTÉRÊTS	CONSEILS
LES TITRES ET SOUS TITRES	Mettent en évidence la structure du document et les idées principales, facilitent une lecture et une relecture rapide.	Vérifier la cohérence.
LA PREMIÈRE ET LA DERNIÈRE PAGE DE COUVERTURE	Introduisent et concluent le document.	Placez un visuel pour illustrer (logo par exemple), n'oubliez pas le titre.
LE GRAPHISME	Souligne ou renforce les points importants.	Choisissez un graphisme adapté au dossier, n'hésitez pas à aérer, souligner, encadrer, mettre en gras, en italique, changer de police de caractères, conservez le même graphisme d'un paragraphe à un autre.
LES TABLEAUX	Synthétisent vos idées, travaux, facilitent la comparaison de différentes solutions.	Utilisez les pour mettre en évidence les pour et contre, avantages et inconvénients.
LES GRAPHIQUES	Permettent de visualiser des données d'un coup d'oeil, agrémentent le texte.	Soignez leur présentation, utilisez les pour apporter un «plus».

3. Relire et corriger

La relecture est indispensable. Sans elle, vos interlocuteurs peuvent s'interroger sur vos compétences et sur la crédibilité de votre travail. Dans un premier temps, recherchez une vue d'ensemble, prenez du recul et vérifiez la cohérence du dossier. Puis, vérifiez si tous les paragraphes et toutes les phrases ont leur importance. Simplifiez-les, pour clarifier les idées.
Enfin, relisez en détail la grammaire, l'orthographe et la ponctuation.

4. Paginer

Votre document est uniquement clair, précis et agréable à lire. Vous devez le paginer et ajouter un sommaire qui en facilitera une lecture sélective de votre travail : chaque lecteur choisira ainsi aisément, les sections du document qui l'intéresse le plus.

5. Façonner

Le façonnage est la dernière phase de production d'un document bien rédigé. C'est le moment de réaliser les derniers dessins, collages, pliages, paragraphe et de relier votre travail après avoir réalisé les différentes copies nécessaires.
Et surtout rappelez-vous que votre document doit transmettre votre message efficacement...

48 Maîtriser la communication orale

La parole est une aptitude naturelle de l'homme pour communiquer : son usage est quotidien, mais parfois difficile dans quelques situations (entretien de recrutement, conférence, oral d'examen...). Voici quelques conseils.

1. Maîtriser le sujet

Quel que soit le sujet, réfléchissez et interrogez-vous sur les 8 questions de base :

	Les questions clés
Qui ?	Quel est votre statut ? votre rôle ? votre image ?
A qui ?	A qui vous adressez vous ? statuts ? profils ? nombre ?
Quoi ?	De quoi s'agit-il ? Quelles sont les limites ?
Quand ?	A quelle date ?
Comment ?	Quelle est votre méthode (participative ?, didactique ? ludique ?...) Quels sont vos outils ? (rapports, transparents ?)
Combien ?	De quel temps disposez vous ?
Où ?	Dans quelle salle ? (table, paperboard, rétro-projecteur, micro...)
Pourquoi ?	Quel est votre objectif ?

48 Maîtriser la communication orale

2. Utiliser sa voix

La maîtrise de la voix est indispensable pour transmettre votre message.

La diction	Elle favorise la netteté de la parole grâce à l'articulation
Le rythme	Trop lent, il traduit l'ennui, la tristesse. Trop rapide, il est signe d'agitation, de nervosité, de colère. Le rythme doit donc être varié et adapté à chaque situation.
L'intonation	Elle traduit l'émotion, l'intention, l'interrogation, l'exclamation, l'affirmation.
Le volume	Le volume est fonction du contexte : salle de conférence, entretien individuel… La variation du volume peut aussi relancer l'attention du récepteur.

3. Utilisez les ressources du langage

Vocabulaire	Choisir un vocabulaire adapté au récepteur et professionnel. Préférer des mots simples à des images.
Répétition	Elle permet de : - valoriser un mot - construire une argumentation " vous dites que… mais vous dites aussi que… "
Liaison	Elle est réalisée à bon escient. Ex : Les hommes. Evitez les liaisons interdites (le " h " expiré) ou " mal-t-à-propos "

49 Parler en public

La prise de parole en public peut donner lieu à des situations diverses : entretien de recrutement, vente, animation d'une réunion, oral d'examen...
Chacune de ces situations impose des particularités quant aux récepteurs (nombre, distance...) au lieu mais repose sur une préparation similaire.

1. Se préparer

Une préparation physique et mentale est nécessaire à tout individu pour surmonter son trac.

La préparation physique	La tenue vestimentaire (vêtements, maquillage, coiffure...) et l'attitude physique (désinvolture, agressivité, excès de confiance) influencent la communication (voir fiche n°58).
La préparation mentale	Elle permet de définir des objectifs, de les visualiser, de positiver et de se concentrer pour être maître de soi (voir fiches n°59 à 61).

2. Etre présent

La présence devant tout public doit permettre d'emporter l'adhésion.

LES 10 CONSEILS

1- Gérer l'espace et se déplacer calmement,
2- S'exprimer avec le visage (détendu, ouvert, souriant),
3- Regarder l'auditoire (client, jury, collègues, supérieurs),
4- Observer son public et repérer des visages connus ou sympathiques,
5- Faire vivre ses idées et s'exprimer avec le corps (voir fiche n°52),
6- Trouver sa voix et utiliser les ressources du langage,
7- Parler au présent, être concis, précis,
8- Faire des silences,
9- Calmer son trac et respirer,
10- Etre à l'écoute de l'auditoire pour s'adapter et corriger.

50 Présenter un exposé

Qu'il s'agisse d'un compte rendu de votre mission ou de l'examen, la présentation est similaire.

1. Construire l'intervention

Recherchez les idées, collectez l'information et exploitez votre documentation.
Commencez par la conclusion, c'est votre objectif à atteindre, puis construisez un plan structuré et détaillé de votre prestation.
Sélectionnez les informations utiles parmi celles dont vous disposez, ne cherchez pas à être exhaustif, tenez-vous en à l'essentiel.
Enfin, rédigez votre introduction. Elle a pour objectif de capter l'attention en annonçant votre idée principale et le fil conducteur de votre exposé.
Préparez l'ensemble de votre intervention sur des fiches rédigées au recto, uniquement :

- une fiche pour l'introduction,
- une ou plusieurs fiches pour le corps,
- une fiche pour la conclusion,
- éventuellement une fiche pour le plan détaillé.

Pour visualiser certaines notions, pour rendre votre intervention plus vivante, vous proposerez des documents annexes sur papier ou transparent.

2. Répéter

Le secret d'une bonne présentation, c'est une bonne préparation, c'est à dire se donner le temps de construire son exposé mais aussi de s'entraîner. D'abord mentalement : relisez votre préparation, répétez les passages stratégiques (introduction, liaison, conclusion), visualisez positivement votre prestation.
Puis devant un miroir, entraînez-vous à voix haute, imaginez votre public, enregistrez-vous sur un magnétophone (ou éventuellement en vidéo), chronométrez votre temps de parole et corrigez les imperfections.

3. Exposer

Vous avez la parole... ne vous précipitez pas. Regardez votre auditoire, apportez un soin particulier à votre langage, respirez, parlez à voix haute de façon distincte et intelligible, ne lisez pas, accentuez vos idées, modulez le volume de votre voix, variez les rythmes d'élocution.
En communication orale, les phrases sont courtes, avec une structure grammaticale plus simple qu'à l'écrit.
L'oral tient sa différence au fait que votre personnalité transparaît dans la communication non seulement par la parole mais aussi par votre corps.
Adoptez une posture ouverte, restez naturel avec des gestes calmes et spontanés.
Il importe aussi de savoir conduire votre exposé tout en utilisant tableau ou rétroprojecteur. Continuez de parler pendant que vous écrivez et évitez de tourner le dos à votre auditoire. Contrôlez en permanence le feed-back en observant les réactions de votre public (attitude, questions...).

51 Préparer des outils de communication

Les supports de communication apportent une aide visuelle précieuse s'ils enrichissent votre prestation.

1. Choisir le support

Il convient de choisir le support en fonction de la prestation à réaliser, du nombre de participants et du lieu.

SUPPORT	AVANTAGES	LIMITES
FEUILLE CARTONNÉE OU NON	- facile à réaliser - facile à dupliquer	- auditoire restreint
TRANSPARENT	- facile à réaliser - efficace - utilisable devant tout public	- utilisation d'un rétroprojecteur (disponibilité, fiabilité...)
DIAPORAMA	- dynamique - attractif - confort d'utilisation	- utilisation d'un vidéoprojecteur (disponibilité, fiabilité) - préparation plus complexe
TABLEAU BLANC (PAPER BOARD)	- facile à utiliser - possibilité d'une préparation	- rédaction en même temps que l'exposé, implique une bonne confiance en soi

2. Créer des outils de communication

Pour être clair, les outils doivent permettre de :

- visualiser vos idées, vos informations
- concentrer l'attention de votre auditoire
- renforcer le message à transmettre

Préparer des outils de communication

51

LES 10 QUALITÉS D'UN BON SUPPORT

1- conçu dans un format carré (pour la projection sur l'écran).
2- lisible de loin (taille des caractères adaptée à la distance entre l'écran et l'auditoire).
3- un titre dynamique.
4- un seul message par page.
5- 5 à 6 items construits avec des mots-clés.
6- uniquement des chiffres significatifs.
7- un schéma, tableau, graphique valent mieux qu'un long discours.
8- la couleur valorise s'il n'y a pas d'excès.
9- un nombre limité pour favoriser l'attention.
10- une projection vivante et progressive : utilisez les moyens informatiques.

3. Utiliser des outils de communication

Un bon support doit être utilisé à bon escient.

A PROSCRIRE	A PRIVILÉGIER
- des supports surchargés - une succession de transparents au lieu d'une prestation - une lecture mot à mot de transparents - tourner le dos au public	- des supports conçus spécifiquement pour valoriser la prestation - une pause (silence) pour la lecture par l'auditoire - rester face au public - une présentation de 2 ou 3 commentaires succincts (préparés)

Les mots ou phrases de liaison sont indispensables.

d'abord dans un premier temps premièrement	par ailleurs ensuite toutefois...	en conclusion donc ainsi...

52 Utiliser la communication non verbale

La compréhension d'un message oral est obtenue grâce au sens des mots (7 %), à l'intonation (38 %) et aux gestes (55 %). Inutile de dire que la gestuologie occupe une place de choix lors d'un entretien d'épreuve d'examen ou de recrutement. Préparez-vous à être observé.

1. Le regard

Les yeux sont un outil de communication directe avec une personne, alors concentrez-vous sur la façon dont vous regardez.
Attention au regard fuyant ou aux yeux mi-clos, vos interlocuteurs y reconnaîtront votre volonté de non réponse ou d'être ailleurs.
Evitez de lire vos notes ou de n'avoir d'yeux que pour une seule des personnes présente. Votre regard doit convaincre l'auditoire auquel vous vous adressez.
Ne baissez pas la tête, vous perdrez le contact visuel et vous donnerez à l'échange une relation d'inférieur à supérieur dans laquelle la communication sera à sens unique.

2. Le visage

Sur votre visage, vos émotions se lisent à travers votre sourire, vos mimiques, vos mouvement des sourcils, des lèvres ou des yeux.
Les expressions du visage traduisent alors la joie, la surprise, la colère, la peur, l'étonnement...
La meilleure façon d'entrer en communication est d'opter pour un sourire naturel qui crée un climat positif.

3. Les gestes

Posture et mouvements forment un ensemble facilement observable, qui, conscient ou inconscient, traduit un état affectif de la personne étudiée : votre attitude physique peut refléter votre attitude mentale. Les gestes permettent d'accompagner et ponctuer la prestation orale, a contrario l'absence de gestes indique l'indifférence (voir page suivante).
Evitez les gestes barrières, privilégiez les gestes d'ouverture.

52 Utiliser la communication non verbale

Les gestes barrières	Les gestes d'ouverture
- Les mains sur les oreilles - La tête appuyée sur les poings fermés - Les bras croisés - Se frotter les mains - Le doigt passé dans le col de chemise - La poussière imaginaire - Le raclement de gorge - Les lèvres crispées - Les sourcils froncés	- Le buste en avant - Les paumes de la main ouvertes en l'air - La tête inclinée sur le côté - Les jambes parallèles - Les pieds bien posés si debout - Les bras à plat sur le bureau - Le regard

Un seul geste ne signifie pas grand chose, il doit être replacé dans son contexte et être corroboré par d'autres signes.

4. La tenue vestimentaire

Votre présentation (vêtements, maquillage, coiffure...) doit être en accord avec la situation. Pour choisir des vêtements, vous prendrez en compte le confort et l'aisance qu'ils vous procurent : lors d'un entretien d'embauche ou un jour d'examen, évitez des chaussures neuves, une tenue trop chaude, une ceinture trop serrée, un chemisier trop décolleté...

53 Connaître l'analyse transactionnelle

L'analyse transactionnelle (AT) est une méthode qui favorise la communication entre 2 personnes.
L'analyse transactionnelle est une méthode d'analyse qui suggère des éléments de réponse face à une situation donnée et vous permet de choisir le meilleur comportement à adopter.

Pour chaque individu, la personnalité possède 3 états : le Parent, L'Adulte et l'Enfant, qu'il utilise consciemment ou inconsciemment, représentés ainsi :

P *PARENT*	**C'est le domaine de "l'appris",** il se caractérise par les valeurs et normes acquises par l'éducation, la morale, les attitudes et comportements empruntés à des sources extérieures (parents, chef d'entreprise), les traditions, les expériences antérieures... Ex. : Une lettre à un client ne doit pas avoir de faute Il faut être à l'heure au rendez-vous C'est pour ton bien
A *ADULTE*	**C'est le domaine du "pensé",** la réflexion, l'observation, le raisonnement, le test le caractérisent. Ex. : je vois ce que vous voulez dire si je vous comprends bien avantages et inconvénients de la situation
E *ENFANT*	**C'est le domaine du "senti",** des sentiments, désirs, passion, besoins physiologiques, sensations, émotions, spontanéité, créativité Ex. : j'ai soif, j'ai peur berk ! chouette ! vous n'avez pas le droit, montrez moi, j'ai une idée

Chacun de ces états a des points positifs et négatifs.

Connaître l'analyse transactionnelle

53

Etat		Comportement		Vocabulaire d'identification
		Positif	*Négatif*	
Parent	*critique*	- donne des ordres, - fixe des normes, - dirige, - évalue, - sanctionne	- critique, - impose, - persécute	- il faut, - vous devez, - c'est bien, c'est mal, - jamais, toujours, - défaut/qualités - Vrai/faux...
	sauveur	- aide, - conseille, - rassure	- agit à la place de l'autre	- rassurez-vous, - ne vous en faites pas, - c'est pour votre bien, - ce n'est pas grave...
Adulte		- collecte des informations, - examine les faits, - analyse, - reformule, - propose des solutions	- fonctionne de manière automatique, - froid et rigide, - ne montre pas ses sentiments	- qui, quand, où, combien, pourquoi ? - objectifs, moyens - c'est exact, c'est faux, - je pense que - solution...
Enfant	*spontané*	- spontané, - enthousiaste	- souvent désordonné	- chic, super, berk, - tout de suite, - j'ai une idée...
	adapté, soumis	- est soucieux de bien faire, - s'adapte facilement	- timide, - hésitant	- excusez-moi, - s'il vous plaît, - je voudrais bien, - je vais essayer , - montrez-moi, - c'est de ma faute...
	adapté, rebelle	- décèle ce qui ne va pas	- s'oppose, - grogne, - se marginalise	- non, - vous n'avez pas le droit, - pas du tout...

Selon la situation, un des états du moi prend le dessus sur les autres. Pour s'adapter en souplesse à chaque situation, il est bon de prendre conscience de l'état du MOI qui pilote et éventuellement décider d'en changer, c'est choisir son comportement.

Situation : vous arrivez en retard et votre chef vous dit :
Parent ***Vous devez arrivez à l'heure***
Adulte ***Que vous-est-il arrivé ?***
Enfant ***Et alors, on n'a pas pu se lever ?***

Une bonne utilisation des états du MOI est réalisée si l'adulte est au contrôle.

54 Utiliser l'analyse transactionnelle

Au départ utilisée en psychologie, l'AT est à l'heure actuelle un outil au service de l'entreprise ou de l'individu dans sa vie personnelle.

1. Reconnaître les transactions

Chaque fois qu'une personne communique, elle fournit un signe de reconnaissance. Un échange de signes s'appelle une transaction. L'AT en distingue 3 types :

Les transactions parallèles : sur la même longueur d'onde, de parent à parent, d'adulte à adulte, d'enfant à enfant.

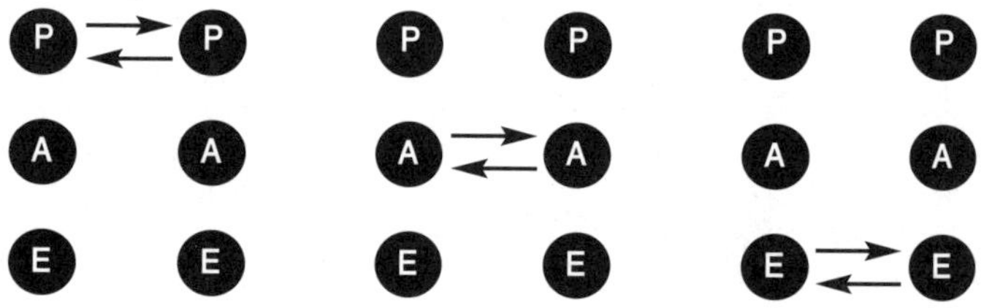

Les transactions croisées : lorsque l'individu sollicité dans un état du moi répond dans un autre et fournit alors une réponse inattendue, c'est une source de tension dans la relation.

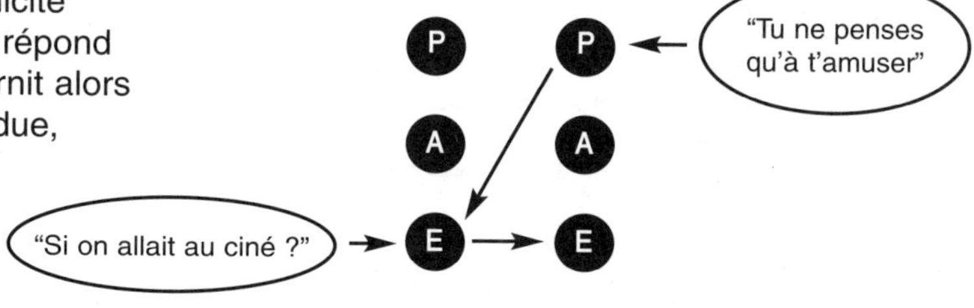

Utiliser l'analyse transactionnelle

54

Les transactions cachées :

Ex. : lorsque le client adresse au vendeur un message explicite

A → A

(qui joue au niveau social) et un message implicite

E → P

(qui joue au niveau psychologique).
Ce sont les sous-entendus.

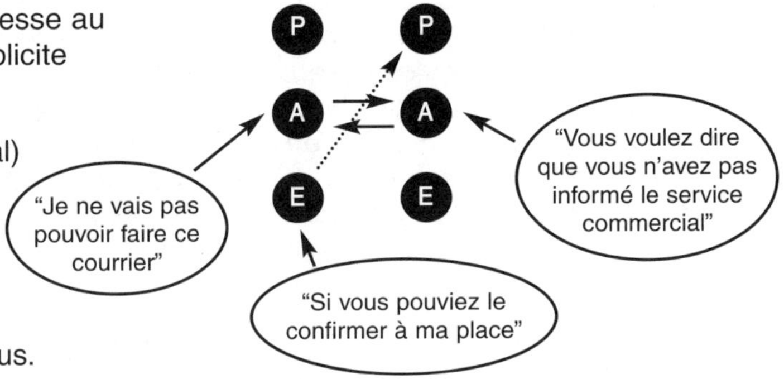

Lors des relations professionnelles, opter au maximum pour des transactions parallèles d'adulte à adulte est la solution la plus adaptée.

2. Repérer les strokes ou stimulations

Ce sont les signes de reconnaissance véhiculés par les interlocuteurs, moyens de reconnaître l'existence de l'autre :

salut, comment ça va ?
c'est du bon travail !
une poignée de main, un regard...

Ils sont indispensables, positifs (sources de plaisir, épanouissement...) ou négatifs (sources de déplaisir, souffrance...).
Un stroke négatif est même préférable à une absence de stimulations, il évite l'indifférence (pour un enfant, recevoir une remontrance lorsqu'il a fait une bêtise vaut mieux qu'être ignoré).

55 Comprendre la PNL ou Programmation Neuro-Linguistique

La PNL ou programmation neuro-linguistique a été créée en 1975 par Richard Bandler et John Grinder en Californie. L'école de PNL a découvert à partir de l'observation des langages verbaux et non verbaux des techniques de communication.
La PNL est une synthèse des travaux de l'école de Palo Alto (analyse systèmique), des apports de la sémantique générale, de la linguistique de Chomsky et de très nombreuses recherches récentes en psychologie appliquée.
Elle présente de nombreux outils de développement des dons de communication possédés par chacun. Elle systèmatise des comportements spontanés afin de rendre un vendeur capable d'utiliser ces mêmes comportements dans n'importe quelle situation face à n'importe quel client.

Pour entrer en contact avec le monde, nous utilisons les 5 sens : vue, ouïe, odorat, goût et toucher. La PNL résume ces systèmes de perception par VAKO/G ce qui signifie :
• Visuel : images internes ou externes.
• Auditif : langage, bruits, sons, dialogue intérieur.
• Kinesthésique : sensations tactiles externes, émotions internes, expressions posturales, gestuelles, faciales et motrices.
• Olfactif et Gustatif : expériences liées à l'odorat et au goût.

Ces systèmes peuvent être identifiés et utilisés en communication.

SYSTEME	COMPOSANTES	VOCABULAIRE D'IDENTIFICATION
VISUEL	forme, taille, couleur, contraste, ombre, distance, proportion, mouvement, localisation	voir, montrer, clarifier, éclaircir, visualiser, éclairer, faire le point... c'est tout vu, la vie en rose, une peur bleue, voir rouge, à première vue, un avenir sombre... clarté, netteté, transparence, horizon, perspective, image, illustration
AUDITIF	volume, timbre, tonalité, durée, tempo, fréquence, silence	dire, entendre, parler, écouter, répéter, questionner, mettre l'accent... son de cloche, tendre l'oreille, faire des messes basses, sur la même longueur d'onde, audible, rythme, symphonie, harmonie, bruit, ton
KINESTHESIQUE	température, texture, densité, flexibilité, durée, poids, pression, localisation, étendue, mouvement	sentir, toucher, saisir, atteindre, maîtriser, ressentir, transporter, prendre, attraper... marcher à côté de ses pompes, les pieds sur terre, la tête sur les épaules, avoir la main sur le coeur, mettre le doigt sur... froid, chaud, sensible, tendre, relaxé, solide, affectif, émouvant, résistant, ressenti, vécu, touché...
OLFACTIF - GUSTATIF	goût, saveur, odorat, senteur	goûter, savourer, tester, humer, déguster, parfumer, aspirer... avoir le goût de, avoir le nez fin, avoir du flair... salé, épicé, relevé, doux, sucré, puanteur...

Exploiter les outils de la PNL 56

En PNL, plusieurs outils sont disponibles.

1. La synchronisation

Outil de communication formalisé par la PNL, qui est en fait un processus tout à fait naturel. C'est la technique de l'**empathie**. Elle consiste à se comporter comme son interlocuteur, se "mettre en phase" avec lui à différents niveaux :

- **synchroniser ses mouvements du corps,** des bras, des pieds, expression du visage, respiration : ajuster sa posture, reproduire certains des gestes, expression... avec discrétion
- **synchroniser sa voix,** son ton, son volume, son rythme de parole, son débit
- **synchroniser son langage,** tournures de phrases, expressions...: repérer les mots, attitudes de son système de représentation VAKO/G
- **se synchroniser sur son état d'esprit** et ses émotions : ressentir la même chose

La synchronisation est un outil qui permet de s'adapter à l'autre et par là de faciliter la communication. L'état d'**écoute active** est proche de la synchronisation.

2. Les outils d'observation du comportement non verbal

Par exemple, les mouvements de l'oeil indiquent comment une personne est en train de "penser". Penser, c'est selon la PNL soit voir des images, soit entendre des sons, soit se raconter quelque chose (auditif interne), soit encore ressentir. Ainsi quand le client lève les yeux, laissez-lui le temps de se faire une image de ce qui a été dit et plutôt que de lui demander s'il a bien "saisi", demandez lui plutôt s'il "voit" bien ce que vous voulez dire.

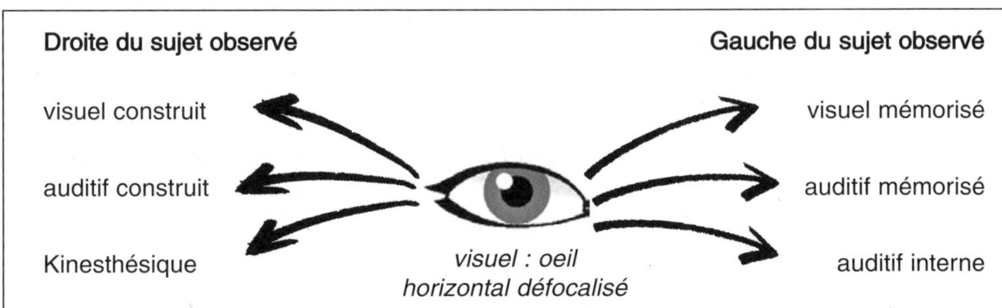

56 Exploiter les outils de la PNL

3. La calibration

Elle consiste à repérer le maximum d'indicateurs comportementaux, associés à un état interne (mouvements oculaires, coloration de la peau, gestes, posture, tonalité de la voix, respiration). Elle permet la synchronisation et la communication.

4. Les outils de questionnement (le méta-modèle)

Lorsque vous sentez un malentendu possible, lorsqu'un mot peut avoir une signification différente pour les 2 interlocuteurs, il est nécessaire de s'interroger sur tous les termes de la proposition et de faire passer son interlocuteur d'une phase très générale et floue à un message précis et spécifique, de façon à communiquer efficacement. L'objectif est d'améliorer la qualité de l'information obtenue après détection d'imprécisions produites par omission ou généralisation.

Ex. : C'est plus cher : par rapport à quoi ?
Les gens, ils... : qui précisément ?

LES CONSEILS

Calibrer	→	c'est-à-dire repérer les indicateurs comportementaux
Synchroniser	→	votre comportement et votre message sur celui de votre interlocuteur
Sourire	→	pour l'inciter à sourire
Eviter les caricatures	→	aucun individu n'est V, A ou K à 100 %
Utiliser les questions	→	pour mieux connaître votre interlocuteur

Réussir un entretien de recrutement

57

L'entretien de recrutement est avant tout la rencontre entre un chargé de recrutement et un candidat potentiel. Pour l'entreprise, le recrutement coûte cher, c'est une prise de risque importante. Le recruteur va tout faire pour le réussir, pour cela, il cherche le candidat qui correspond au profil du poste recherché.

1. Préparer l'entretien

L'entretien de recrutement est une prestation orale qui requiert une préparation semblable à n'importe quelle situation (voir fiches n°48 et 49).

- Constituez-vous un dossier comportant votre présentation (CV + lettre de motivation) mais aussi des informations recueillies sur l'entreprise (CA, activité, projet, annonce de recrutement...).
- A partir de ces données, constituez-vous un argumentaire pour valoriser votre candidature.
- N'oubliez pas que votre objectif est non seulement de trouver un emploi ou un stage mais aussi de vous assurer qu'il convient à vos attentes.
- Prévoyez les questions clés à poser au recruteur pour compléter votre information.

2. Assurer le Jour J

- Soyez à l'heure.
- Souriez, la première impression est celle qui reste dans la tête du recruteur.
- Utilisez toutes les techniques de communication orale et non verbale (voir fiches n°48 à 56).
- Faites appel à votre bon sens pour réussir votre entretien.
- Exprimez-vous avec conviction.
- Offrez vos services.
- Ayez un projet professionnel.
- Soyez capable de l'expliquer, de le faire partager, soyez convaincant.
- Soyez vous-même, sincère et franc.
- Soyez curieux sur le poste à pourvoir ou la mission qui est susceptible de vous être confiée.
- Soyez poli sans obséquiosité.

58 Soigner sa présentation

Le commercial doit créer un climat de confiance. Sa présentation doit donner une bonne impression. Il est le reflet de son entreprise et communique une image à travers sa tenue.

1. La tenue vestimentaire

La tenue est adaptée à la clientèle, costumes et tailleurs ne sont pas obligatoires. Dès votre arrivée dans l'entreprise, sous saurez quels sont les rites à observer (cf. culture d'entreprise) et la présentation à privilégier.

Soigner sa présentation 58

2. Les règles de la vie en société

Quel que soit le lieu, vous devez respecter les règles de la vie en société :

- saluer votre interlocuteur
- être poli, pas de grossièreté
- éviter le chewing-gum
- utiliser un langage adapté

3. Etre bien dans sa peau

L'équilibre personnel est indispensable pour donner la meilleure image de soi.

LES CONSEILS

1- avoir une bonne hygiène de vie (sommeil, sport, nourriture équilibrée...)
2- utiliser des techniques anti-stress (voir fiches n°60 et 61)
3- maîtriser la gestion de son temps (voir fiches n°68 à 70)
4- Entretenir une image positive de soi (voir fiche n°59)

59 Etre positif

Etre positif crée un climat de communication favorable.

1. Construire une image positive

IMAGE NÉGATIVE	IMAGE POSITIVE
- tendance à se justifier - pessimisme - attitude négative - focalisation sur les échecs, erreurs - vision centrée sur les problèmes ➔ C'est réalisable mais trop difficile	- confiance - optimisme - attitude positive - recherche de solutions - vision centrée sur les résultats ➔ C'est difficile mais réalisable

2. Se fixer des objectifs

La motivation est un processus basé sur la fixation d'objectifs.

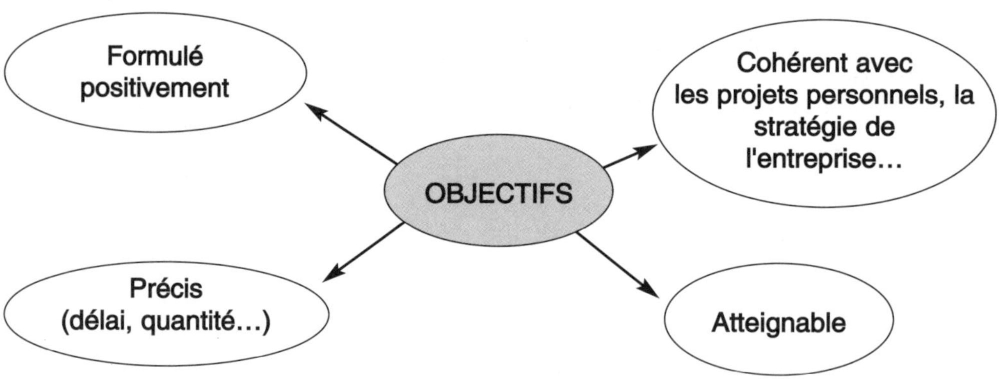

Réussir son BTS est un objectif qui répond aux critères définis ci-dessus.

3. Formuler de façon positive

Les formulations négatives sont à proscrire, il faut positiver.

LES MOTS NÉGATIFS	LES MOTS POSITIFS
- problème - difficulté - critique - erreur - reproche - méfiance	- solution - proposition - encouragement - responsabilité - confiance - respect

4. Transformer ses échecs en expérience

Tout apprentissage est difficile et soumis au risque d'erreur, d'échec. Cependant, l'analyse de l'erreur ou de l'échec est formatrice et source d'expérience. Il convient de se remettre en question et d'utiliser ces difficultés pour progresser et atteindre les objectifs fixés.
Ex : un entretien raté doit donner lieu à une analyse des causes de l'échec et ainsi permettre de mieux préparer les suivants.

60 Identifier le stress

Entre un objectif de CA à réaliser, des horaires surchargés, une équipe à manager... les sources de stress sont nombreuses pour le manager et ses collaborateurs. Or le stress entraîne des conséquences sur la santé des individus qui se traduisent dans l'entreprise par une diminution de la productivité, une démotivation, un absentéisme croissant voire un turn over important.
La gestion du stress mérite donc toute l'attention du responsable.

1. Comprendre le stress

Le stress est une réaction physiologique d'alarme de notre corps pour affronter une nouvelle situation, une agression, un choc.
Le corps fabrique des hormones (adrénaline, cortisone) qui apportent oxygène et énergie aux muscles pour nous permettre de réagir. C'est un réflexe de survie de l'homme. C'est le stress qui conduit les sportifs à la victoire.
Le stress est donc un stimulant, il incite à l'action. Il est le moteur du développement personnel. C'est un facteur de motivation et de créativité (Ex : trouver une solution dans un laps de temps réduit).

LE STRESS SE TRADUIT PAR

Modification du comportement
Agressivité, hostilité, irritabilité, démotivation, manque de créativité

Troubles intellectuels
Manque de concentration, difficultés d'analyse, pertes de mémoire, difficultés dans la prise de décision

Consommation de palliatif
Sucreries, alcool, tabac, drogues, médicaments, café...

Réaction du corps
Gorge sèche, sueurs froides, insomnies, mal au ventre, migraines, douleurs musculaires, troubles oculaires, problèmes de peau, maladies

Identifier le stress 60

Le manager doit percevoir ces signes d'alarme pour agir sur la réduction du stress de ses collaborateurs.

2. Identifier les sources du stress

Pour pouvoir diminuer le stress, il convient d'en déterminer les origines.
Dans le contexte de l'unité commerciale, les sources sont nombreuses. Mais la société et la vie quotidienne sont aussi sources de stress.

LES DIFFÉRENTES SOURCES DU STRESS	
Entreprise	*Vie quotidienne*
• une modification des habitudes de travail (Ex : horaires) • l'introduction d'une nouvelle technologie (Ex : logiciel) • une mauvaise définition des postes de travail • un manque de communication • des conditions de travail non satisfaisantes (manque de matériel par exemple) • des objectifs de budget, délai, CA... à réaliser • des relations professionnelles hiérarchiques difficiles • des conflits	• les mutations de la société • l'urbanisation et les conditions de vie qui en découlent (bruit, pollution...) • l'éloignement domicile-travail (pression des horaires, peur du retard, embouteillage,...) • les problèmes familiaux • le manque de temps

61 Gérer son stress

Bien gérer son stress, c'est savoir relativiser, modifier ses habitudes au travail et à la maison et apprendre à faire face.
Après avoir identifié les sources de stress, il convient d'y apporter des solutions.

1. Réduire le stress

LES SOLUTIONS POUR BIEN GÉRER SON STRESS	
Au travail	*A la maison*
• réorganiser l'espace de travail (classement, rangement) • améliorer l'environnement de travail (couleurs, matériel, décors...) • organiser les différentes activités • rechercher les priorités • gérer le temps • déléguer • gérer l'information et sa diffusion (courrier électronique, affichage...)	• préserver son temps de sommeil : sans repos, aucune chance de vaincre le stress • dégager du temps pour des activités seul ou en famille (loisirs...) • faire du sport pour évacuer les tensions • manger mieux : une bonne hygiène de vie est une base • apprendre à se détendre, c'est indispensable pour gérer l'équilibre entre tension et détente afin de ne conserver que du stress positif

A cette fin, diverses techniques sont utilisées : massages, relaxation, yoga, méditation... Positivez !

2. Se préparer

Lors d'une situation exceptionnelle (oral d'examen, animation d'une réunion…), la préparation et la maîtrise de la situation sont indispensables.

- Préparer avec soin les documents, fiches, guides d'entretien…
- Vérifier ses supports visuels
- S'assurer de la disponibilité du matériel (salle, rétroprojecteur…)
- Maîtriser le sujet
- Préparer les questions éventuelles et les réponses à apporter
- Arriver en avance pour éviter le stress de l'accident, de l'imprévu…
- Eliminer les tensions : respirer, se détendre
- Adopter une présentation soignée

Pratiquer l'écoute 62

La capacité d'écoute est une qualité importante tant pour un commercial que pour un manager. Elle est indispensable à toute communication pour créer un climat favorable.

1. Comprendre l'écoute active

L'écoute active nécessite un contexte favorable.

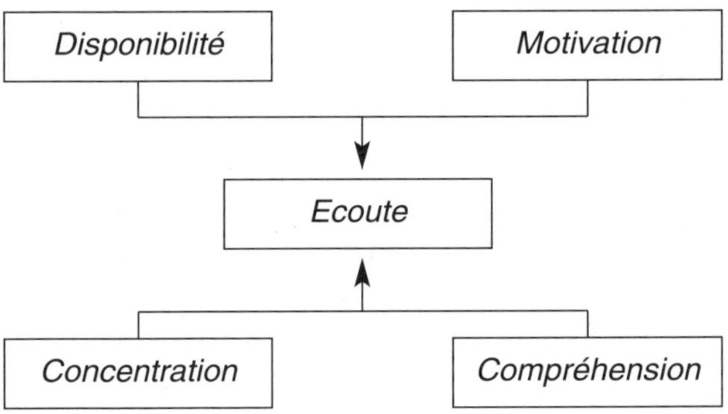

Ecouter, c'est :
- accorder de l'attention et de la considération à votre interlocuteur
- recevoir et comprendre son message

2. Ecouter

L'écoute active implique à la fois savoir être (disponibilité, concentration, motivation) et savoir faire. Elle est réalisée à l'aide des oreilles, des yeux, et du cerveau.

Oreilles	Ecouter les mots, la voix, les silences, le rythme, l'intonation...
Yeux	Observer le comportement non verbal, regard, geste, attitude…
Cerveau	Analyser, comprendre le raisonnement, la logique…

62 Pratiquer l'écoute

3. Favoriser l'écoute

Un comportement personnel adapté est indispensable à l'écoute de l'autre.

- Gérer son stress et ses anxiétés
- Respecter son interlocuteur, ses silences
- Regarder son interlocuteur
- Se taire
- Lui montrer le plaisir que vous avez à l'écouter
- Eliminer les bruits et les interférences
- Décoder les messages de l'autre
- Noter ses mots, ses propos
- Se synchroniser sur lui :
    - ➔ Visuel : je vois, c'est clair, éclairez-moi, montrez-moi
    - ➔ Auditif : je vous entends bien, nous en reparlerons, dites-le à haute voix
    - ➔ Kinesthésique : faites preuve de bon sens, vous touchez un point sensible, prenons le problème différemment
- Montrer à son interlocuteur que l'on reçoit son message (acquiescement) et que l'on est attentif
- Utiliser des techniques de reformulation pour vérifier votre bonne compréhension
- Eviter de comparer, juger, critiquer

Préparer une réunion 63

Conférences, débats, tables rondes, groupes de travail, assemblées générales d'association, briefing auprès d'enquêteurs, brainstorming... autant de motifs de se réunir dans l'entreprise, le lycée ou le quartier. Chacun d'entre vous a déjà participé à une réunion et est susceptible de l'organiser lui-même. Voici quelques règles simples à respecter pour préparer vos réunions en toute sérénité.

1. Définir le sujet

La «réunionite» passe pour être la maladie de nombreuses organisations, entreprises ou administrations, aussi la première question à se poser est bien «la réunion est-elle indispensable ?». Si la réponse est oui, définissez précisément les objectifs qu'elle doit atteindre : achat ou non d'une machine à café, obtention de noms de marque, présentation des consignes d'enquête... et retenez le type de réunion adapté.

Les différents types de réunion

OBJECTIFS	TYPES DE RÉUNION	CARACTÉRISTIQUES
Transmettre des informations	Les congrès, colloques, conférences	Rassemblement de 30 à 500 personnes avec un conférencier qui a un rôle d'information
	Les assemblées générales	Réunion de 10 à 100 personnes autour d'un président de séance
	Les réunions d'informations descendantes	Briefing, exposé de décisions... Ces réunions remplacent une note d'information pour permettre un échange et une réponse aux questions posées
	Les interviews de groupe	Ces réunions ont pour objectif de recueillir des informations auprès d'un groupe de 5 à 10 personnes
Préparer ou prendre des décisions	Réunions - discussions, commissions de travail, tables rondes	La discussion gérée par l'animateur doit aboutir à une solution, une décision ou une conclusion...
	Les groupes de créativité ou brainstorming	Ces réunions recherchent des solutions originales à un problème posé
Confronter des opinions divergentes	Réunions de négociation	L'animateur ou médiateur recherche un accord entre des sous-groupes aux points de vue différents, voire divergents

63 Préparer une réunion

2. Sélectionner les participants

La sélection des participants s'effectue en fonction du thème retenu. Pour une réunion de travail, 5 à 10 personnes sont invitées pour obtenir une dynamique de groupe et une participation active des membres. Au delà de 10, la réflexion est plus longue et le groupe tend à se fractionner. Les participants seront choisis pour leur compétence ou expérience, un commercial pour sa connaissance de la clientèle, un technicien pour sa maîtrise de la production...

3. Définir la date et la durée

La date est définie d'une part selon les disponibilités des intervenants indispensables au bon déroulement de votre réunion et d'autre part en fonction de contraintes matérielles (réservation de la salle par exemple). Quant à la durée, d'un maximum de 2 à 3 heures, elle varie selon les objectifs de travail définis pour conserver l'attention et la concentration des participants.

4. Choisir le lieu

Disposer d'une salle adaptée facilitera la conduite de la réunion. Ainsi, une taille en adéquation avec le nombre de participants, un équipement matériel performant (tableau, rétroprojecteur, micro...), un confort suffisant sont des éléments favorables à la communication entre les membres.

5. Organiser les conditions matérielles annexes

La bonne organisation d'une réunion facilite les échanges et la participation. Il convient donc d'éviter toute perturbation (téléphone, visiteurs, marteau piqueur...), de résoudre les problèmes éventuels d'hébergement, de transport et de prévoir la prise en charge des repas.

Organiser une réunion 64

L'organisation de la réunion est un élément clé de son efficacité.

1. Rédiger la convocation

Selon le type de réunion, elle se fera par affichage (congrès, conférence) ou par invitation individuelle personnalisée ou non (assemblée générale des parents d'élèves...). Voir page suivante.
Il ne faut pas sous-estimer l'importance de la convocation à une réunion de travail, sous peine de constater que certaines personnes ne sont pas disponibles, sont en retard ou n'ont pas préparé leur intervention. Ces difficultés sont alors source de perte de temps voire de conflit entre les individus du groupe.

2. Préparer le sujet

L'animateur collecte toute documentation nécessaire à la présentation du thème et prépare des aides audiovisuelles pour introduire la discussion. Pour accroître l'efficacité de la réunion, un dossier est remis aux participants au préalable s'il est important, ou au démarrage de la séance de travail s'il s'agit d'un simple rappel d'éléments nécessaires au travail. Le dossier doit être présenté de façon claire, être complet et facile d'emploi.

3. Préparer la salle

La disposition spatiale joue un rôle important dans la communication.
Variable selon le type de réunion organisé et le nombre de personnes présentes, elle permet aux participants de se voir et de s'entendre mutuellement. Ainsi, seules les tables rondes ou ovales favorisent les relations dans le groupe de travail. Un plan de table sera dressé. Par contre, dans une assemblée, la meilleure solution demeure celle de l'estrade pour l'orateur face aux participants, avec une sonorisation adaptée. Des badges d'identification ou des chevalets nominatifs seront parfois nécessaires, des bouteilles d'eau et des verres seront indispensables et vous n'oublierez pas de vous interroger sur la possibilité de fumer ou non au cours de la réunion...

64 Organiser une réunion

Une bonne convocation

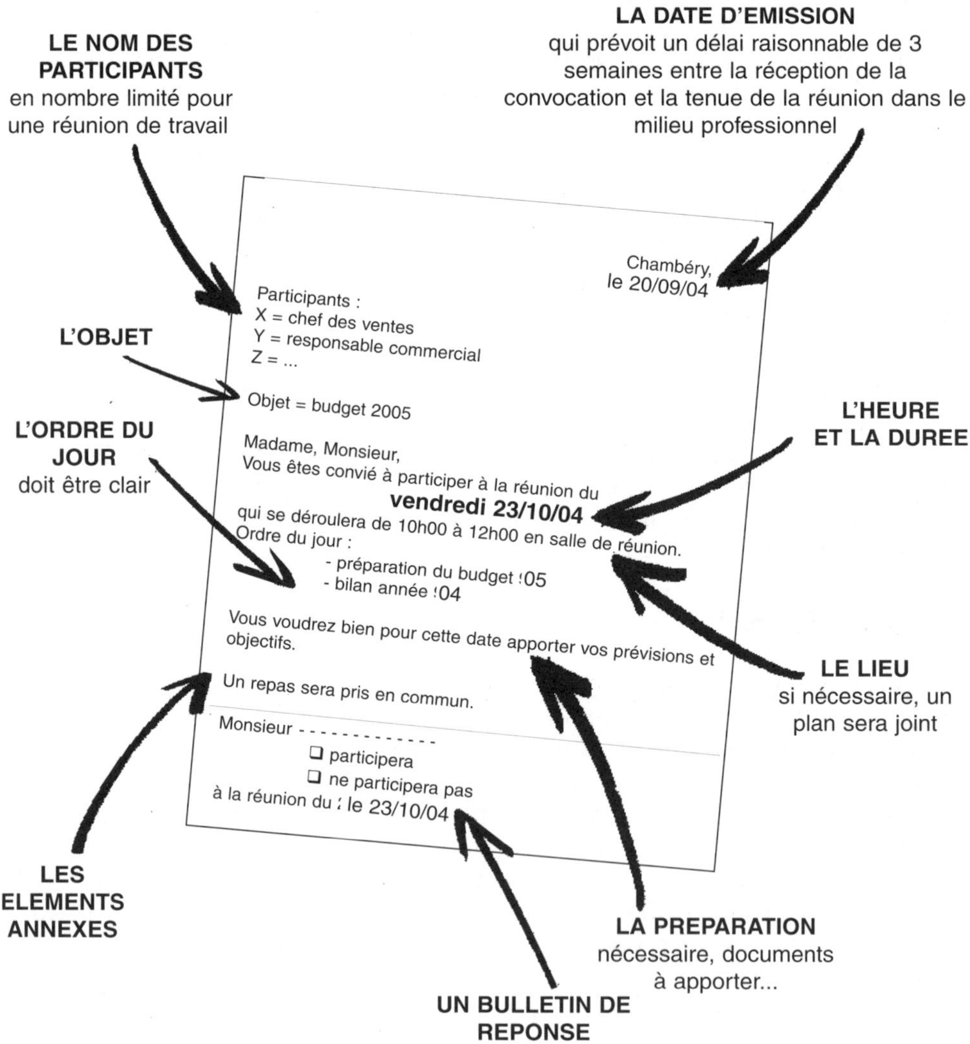

Chambéry,
le 20/09/04

Participants :
X = chef des ventes
Y = responsable commercial
Z = ...

Objet = budget 2005

Madame, Monsieur,
Vous êtes convié à participer à la réunion du
vendredi 23/10/04
qui se déroulera de 10h00 à 12h00 en salle de réunion.
Ordre du jour :
- préparation du budget !05
- bilan année !04

Vous voudrez bien pour cette date apporter vos prévisions et objectifs.

Un repas sera pris en commun.

Monsieur - - - - - - - - - - - -
❑ participera
❑ ne participera pas
à la réunion du : le 23/10/04

Animer une réunion 65

Si la réussite d'une réunion tient à sa bonne préparation, elle se mesure aussi par la quantité et la qualité des échanges entre les participants. Voilà qui vous dicte votre rôle d'animateur, mais là encore la tâche est difficile.

1. Réussir le prologue

Au cours du prologue, durée comprise entre l'arrivée du premier participant et le démarrage effectif de la réunion, vous saluez les personnes présentes, faites les présentations, apportez des précisions éventuelles et fignolez votre préparation (vérification du bon fonctionnement du matériel audiovisuel, disposition des participants, dossiers...).

2. Animer la réunion

Puis l'heure sonne de votre prise de fonction !
Vous procédez à l'ouverture de la séance, quelques mots d'accueil, un tour de table pour la présentation des participants et du président de séance éventuel. Vous aurez désigné un rapporteur et rappellerez avec clarté le thème et les objectifs de la réunion. Grâce à vos documents, rapports et autres aides audiovisuelles, vous lancez alors la discussion.

La discussion s'organise ensuite autour de plusieurs phases :
Dans un premier temps, les participants s'interrogent sur la durée de la réunion, sur leur présence et celle des autres. Après cette phase d'interrogation, souvent synonyme de surprise, voire d'inquiétude, suit une phase plus détendue d'apport d'idées. Les participants en désaccord s'opposent alors avant de rechercher un consensus. Dans le groupe structuré s'instaurent alors des échanges positifs qui permettent de progresser vers une solution. En fin de réunion, votre synthèse doit recueillir l'accord du groupe, un compte-rendu sera la suite la plus naturelle de la réunion. Elaboré par la secrétaire de séance ou vous-même, il présente la synthèse des discussions et les solutions retenues. Une évaluation réalisée en fin de séance ou lors d'une réunion ultérieure permet de vérifier l'atteinte des objectifs et le niveau de satisfaction des participants.

65 Animer une réunion

Quelles caractéristiques pour un groupe efficace ?

A ÉVITER	A PRIVILÉGIER
- Une atmosphère tendue - Peu d'échanges - Pas de cohésion du groupe - Aucun accord - Peu d'idées apportées - Pas de prise de conscience des différentes personnalités	- Une atmosphère détendue - Des échanges nombreux - De l'écoute - Un consensus dans les décisions - Une expression libre - Un riche apport d'idées - Un respect des personnalités

Votre rôle d'animateur

Vous avez préparé et organisé la réunion mais son efficacité repose sur la participation active des personnes présentes. Vous introduisez l'ordre du jour. Et là encore la dynamique du groupe dépend de votre compétence d'animateur dans la conduite de réunion.
Votre objectif est d'organiser la prise de parole et de laisser le groupe s'exprimer sans prendre parti.

A travers votre souci de faire progresser le groupe pour atteindre les objectifs fixés, il s'agit pour vous de :
• faciliter les échanges,
• soutenir l'attention des participants,
• distribuer la parole,
• assurer la cohésion,
• régler les oppositions,
• reformuler,
• gérer le temps,
• établir des synthèses
• conclure

La tâche est d'autant plus difficile que d'une part les individus ont des comportements divers au sein du groupe et d'autre part qu'une réunion de travail ne se conduit pas comme un brainstorming.

Le style de management influence aussi le style de la réunion. Le plus difficile est d'animer sans s'imposer. Un bon usage des outils est indispensable : trop de transparents diminue la concentration, de même il est préférable de distribuer tous les documents en fin de réunion pour éviter la dispersion des partcipants.

En résumé, vous l'avez compris, on ne s'improvise pas animateur de réunion...

66 Identifier les situations difficiles

Manager une organisation commerciale, c'est gérer des moyens humains, matériels et financiers dans un environnement complexe, en évolution permanente. Chaque jour, le manager peut être confronté à des situations nouvelles pour lesquelles il devra développer des aptitudes à les traiter rapidement et efficacement pour conduire son entreprise vers les objectifs de rentabilité, d'efficacité et d'efficience définis.

Les situations difficiles trouvent leur origine au sein de l'entreprise (évolution dans l'organisation, relations humaines...) ou proviennent de facteurs extérieurs.

1. Le changement

Les changements sont inévitables : évolution de la structure organisationnelle, agrandissement de la structure commerciale, gestion nouvelle de la relation client, introduction des nouvelles technologies...
Les changements accompagnent le développement de l'entreprise, la mission du manager est alors de faire accepter ces changements à ses collaborateurs. L'objectif est de les motiver et les rendre acteurs pour réduire résistances et tensions.

2. Les conflits

L'entreprise est une communauté d'individus aux objectifs personnels distincts souvent divergents des objectifs collectifs. Le manager doit alors gérer cette complexité inhérente à la nature humaine et identifier le type de conflit.

- **Conflit entre collaborateurs**
  - Conflit de personnes →
    - conflits culturels,
    - différence de caractère,
    - conception différente des valeurs et normes,
    - désaccords professionnels, manières de faire.
  - Conflit de pouvoir →
    - rivalités,
    - intérêts divergents,
    - enjeux contradictoires.
- **Conflit individuel avec la hiérarchie** →
  - désaccord sur les faits, leur interprétation, les objectifs, les méthodes, les valeurs...
  - conflit né du contrat de travail par rapport aux horaires...
- **Conflit collectif avec la hiérarchie** →
  - conditions de travail

66 Identifier les situations difficiles

Les conflits sont souvent favorisés par :

- des ressources insuffisantes
- des rôles et responsabilités mal définis
- des objectifs imprécis
- une planification insuffisante
- une information inexistante

Le manager peut souvent anticiper le conflit grâce à des signes avant coureurs.

LES SIGNES AVANT COUREURS

1- tensions
2- hostilités ouvertes
3- contestations
4- réticences
5- démotivation
6- absentéisme

3. Les scénarios catastrophes

Nous entendons par scénario catastrophe l'évènement improbable qui se réalise dont l'origine est le plus souvent extérieure à l'entreprise. C'est l'inondation du magasin après des pluies diluviennes, le toit arraché par une tempête ou qui s'écroule sous le poids de la neige, le hold-up mais aussi le retrait de produits présentant une dangerosité pour le consommateur, la rumeur de viande avariée ou l'accident de travail sur la route...
Ces situations ont pour point commun par rapport aux précédentes que l'anticipation et la prévention peuvent s'avérer limitées par la violence d'un évènement impromptu. Il est non initié par le manager comme le changement et sans signes avant coureurs comme le conflit.

67 Gérer les situations difficiles

A chaque situation, le manager devra adapter son attitude, ses décisions afin de réagir dans les meilleurs délais pour ne pas mettre en péril ses collaborateurs, ses clients et l'entreprise elle-même. Cependant, chacune des situations fait appel à un processus similaire.

1. Anticiper

L'anticipation du changement, du conflit, du scénario catastrophe relève d'une réflexion préalable d'autant plus peaufinée que le risque de situation difficile est connu de la hiérarchie.

- Identifier les résistances au changement (contraintes nouvelles, peur, persistance des anciens comportements).
- Limiter les risques de conflits individuels ou collectifs.
- Réduire les risques de catastrophes (mesures de sécurité, assurances...).
- Repérer les signes avant-coureurs.

2. Communiquer

La communication est indispensable dans chacun des projets. Communiquer, c'est d'abord écouter, questionner, faciliter l'expression, développer une attitude d'empathie.

Les réactions	L'attitude du manager
le stress	rassurer, communiquer, reformuler
l'agressivité	reconnaître le comportement agressif Ex : "ma décision vous fait réagir violemment"...
la démonstration	identifier les frustrations et rechercher les motivations, préciser votre point de vue... Ex. : comment envisagez-vous de ?
l'émotion (tristesse, joie)	contrôler les émotions

3. Réagir

Le manager doit garder à l'esprit la recherche de solutions. Cette recherche ne peut aboutir qu'après un diagnostic de la situation. La quête de solutions est un moyen aussi de canaliser des énergies négatives de collaborateurs sur un avenir plus positif, de chercher à clarifier les intérêts communs, de rechercher un accord satisfaisant pour tous. Dans certains cas, un médiateur sera privilégié (conflits collectifs par exemple). Parfois, la réaction doit être très rapide (accident, évènement exceptionnel...) et ne laisse que peu de réflexion au manager pour limiter les conséquences négatives sur l'entreprise.

68 Gérer son temps

Une bonne gestion de son temps repose sur une prise de conscience des difficultés engendrées et sur la maîtrise d'un ensemble de techniques pour s'assurer une vie sans stress.
L'analyse du déroulement d'une journée fait apparaître des activités " mangeuses de temps ", sans apport véritable. Quand ces activités sont identifiées, il est plus facile de trouver des solutions pour leur consacrer moins de temps.

1. Mieux gérer les activités " mangeuses de temps "

MIEUX GÉRER LES ACTIVITÉS MANGEUSES DE TEMPS	
Activités	**Conseils**
Les réunions : trop fréquentes, trop longues.	- bien préparer la réunion - trouver d'autres moyens - s'en tenir aux sujets et horaires
Les interruptions	- recevoir sur rendez-vous
Le téléphone	- filtrer les appels reçus - grouper les appels à donner - rester bref et centré sur l'objectif
Le repas	- choisir les formules de restauration légère et sans attente
Les attentes	- prendre un rendez-vous - prévoir une activité ou une lecture en cas de retard
Les visites imprévues	- recevoir sur rendez-vous
Les décisions reportées	- anticiper
Les déplacements	- utiliser le téléphone ou le fax plutôt que de se déplacer - choisir le moyen de déplacement le plus adapté - rechercher le trajet le plus court (km, temps, encombrement) - prévoir des activités pour les embouteillages (lecture, courrier, réfexion...) - utiliser un magnétophone pour dicter un courrier, lister des idées...

Gérer son temps 68

2. Mieux gérer les facteurs de " perte de temps "

MIEUX GÉRER LES FACTEURS DE "PERTE DE TEMPS"	
Facteurs de "perte de temps"	**Conseils**
Le manque d'ordre	- classer/organiser
Le manque de priorités	- identifier ses objectifs/bien définir ses priorités
Le travail par "à coups"	- planifier/mieux prévoir le temps affecté à chaque activité
Les indécisions	- devenir plus méthodique/accepter les risques
Le manque de délégation	- apprendre à déléguer/rester centré sur ses objectifs
Le manque de planification	- planifier davantage
Le manque de méthode	- se former
Le manque de concentration	- se concentrer sur l'important
Le travail à la "hâte"	- planifier - bien faire pour ne pas avoir à refaire
Les engagements trop nombreux	- apprendre à dire non / choisir les priorités

3. Définir ses priorités

Une analyse des différentes tâches réalisées conduit à les classer en :
- prioritaire et urgente,
- prioritaire et non urgente,
- non prioritaire et non urgente.

69 Organiser son temps

A l'aide de la fiche précédente, vous avez identifié et défini des priorités (objectifs, durée...). Il vous reste à planifier vos activités...

Pour cette opération, il convient de :
- Choisir le moment idéal : la veille au soir pour le lendemain, le vendredi soir pour la semaine suivante,
- Utiliser les outils adaptés : agenda, planning, échéancier, post-it, tableau de bord, liste de contrôle ou check-list.

⚠ la planification n'a d'intérêt que si vous vous efforcez de suivre l'emploi du temps que vous avez mis en place et si vous contrôlez régulièrement l'efficacité de votre organisation pour l'améliorer en permanence.

OUTILS	UTILITÉ	CONSEILS
Agenda	Gestion de l'ensemble des activités personnelles et profesionnelles	- utiliser un crayon à papier et une gomme pour gérer les rendez-vous - noter les activités prévues à une heure précise et délimiter la plage horaire nécessaire sans oublier les temps de déplacements - regarder souvent son agenda pour visualiser le jour, la semaine, le mois - utiliser les parties banalisées pour noter diverses informations (nombre de km effectués, coût, repas...)
Planning	Visualisation de la chronologie des tâches	- utiliser des repères visuels (couleurs, formes...) pour distinguer les différentes activités - contrôler le respect des échéances fixées - anticiper les retards
Echéancier	Classement de documents par date d'échéance	- classer régulièrement les documents - à chaque échéance sortir les documents concernés pour en réaliser le suivi (courrier, relance téléphonique ...)
Post-it	Rappel d'information	- utiliser des couleurs pour distinguer les activités, ou les urgences - trier et traiter régulièrement les post-it sous peine de les voir envahir vos documents, bureaux, murs...
Tableau de bord	Contrôle des temps	- noter les différentes tâches, leur durée prévisible, leur fréquence et la durée réelle consacrée - calculer les écarts. - en tirer des conclusions pour l'avenir et sur son efficacité
Check-list	Lister les tâches à réaliser pour une activité déterminée (Ex : organisation d'un salon)	- préciser les tâches chronologiquement et leur durée - contrôler la réalisation de toutes les tâches

Planifier son temps 70

Différents outils sont à la disposition des managers :
- *les plannings*
- *le graphique de GANTT*
- *la méthode PERT*
- *la méthode MPM*

Plusieurs logiciels regroupent ces différents outils tels que MS Project...

1. Le diagramme de GANTT

Le diagramme de GANTT présente en abscisses l'échelle du temps et en ordonnées la liste des tâches.
Chaque tâche est représentée par un rectangle d'une longueur proportionnelle à sa durée, dans l'ordre logique d'exécution du réseau.

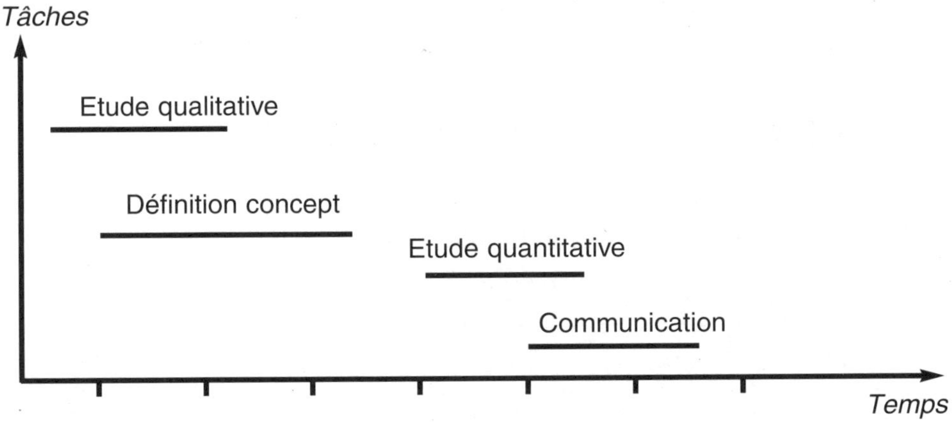

2. La méthode PERT

Cette méthode utilise un graphe pour représenter le succession des différentes tâches et les contraintes d'enchaînement.
Chaque tâche est représentée par une flèche.
Chaque étape (début ou fin de tâche) est symbolisée par un cercle.

70 Planifier son temps

La durée de la tâche est portée sur l'arc.
Ex : A précède B.
Leurs durées respectives sont de 7 et 5 jours.
Il est donc possible de déterminer la marge de flottement sur chaque tâche (date au + tard) - (date au + tôt).
Le chemin critique correspond aux marges nulles.

> Tout retard sur le chemin critique entraîne un report de la fin du projet.

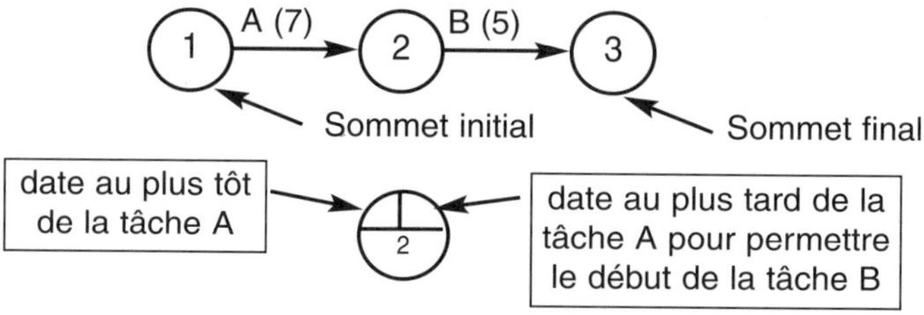

3. La méthode MPM ou méthode des potentiels mètra

Cette méthode est une variante de la précédente. Les sommets du graphe représentent les tâches et se dessinent sous forme de rectangles.

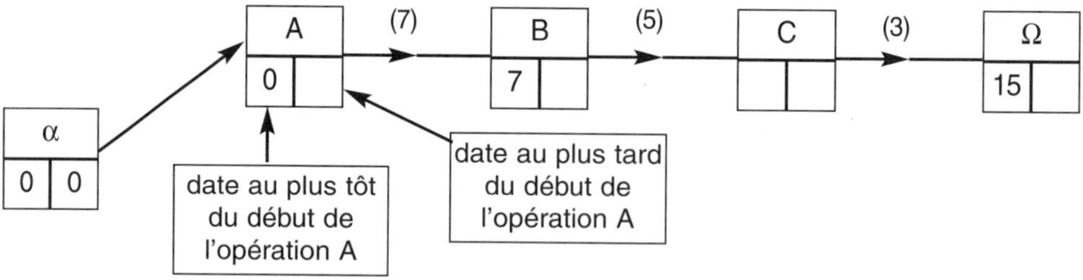

Sur l'arc est porté la longueur, c'est-à-dire la durée de la tâche augmentée de la durée des attentes (en suivi).

Le chemin critique est le chemin de longueur maximal entre le sommet d'entrée (α) et le sommet de sortie (Ω).

71 Construire et utiliser un tableau de bord

1. Définir les indicateurs

Un tableau de bord bien conçu permet de mesurer si les objectifs sont atteints et de visualiser les écarts entre résultats et objectifs.
La recherche d'indicateurs pertinents nécessite une étude de corrélation entre l'indicateur et la réalisation de l'objectif. Ainsi, pour accroître un C.A. de 10 %, on peut retenir comme indicateur le nombre de commandes, le nombre de produits vendus… Il convient donc de sélectionner celui qui reflètera le mieux la situation, tout en étant simple à utiliser et facile à mesurer pour réaliser un tableau de bord dans les meilleurs délais, permettre d'identifier les évolutions et de prendre des mesures correctives si nécessaire.

2. Construire le tableau de bord

Un tableau de bord doit permettre de mesurer si les objectifs sont atteints et de visualiser les écarts entre résultats et objectifs.

Les indicateurs doivent être pertinents et adaptés à chaque manager

Les résultats sont présentés par période et/ou cumulés

Tableau de bord	mois...		
Indicateurs	Résultats	Objectifs	Ecarts
A B C ...			

Exprimés en valeur absolue ou relative

Ce sont les objectifs définis préalablement par période et/ou cumulés comme les résultats

La sélection d'indicateurs doit permettre de construire un tableau synthétique.

Indicateurs commerciaux	Indicateurs financiers	Indicateurs sociaux
- Chiffre d'affaires - Marge - Rotation des stocks	- Résultats - Trésorerie	- Absentéisme - Turn over - Accidents du travail

71 Construire et utiliser un tableau de bord

3. Présenter

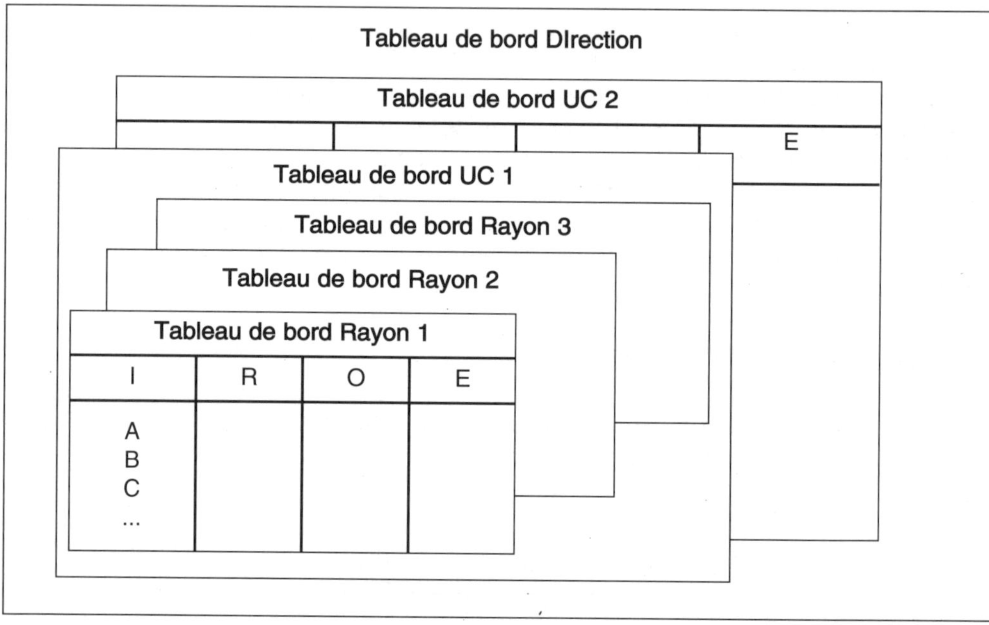

Chaque tableau de bord d'un même niveau hiérarchique doit avoir la même structure pour permettre l'agrégation des données.
Chaque responsable a son tableau de bord spécifique.

4. Analyser

Le tableau de bord constitue :

Un instrument de contrôle et de comparaison	Un outil d'aide à la décision	Un outil de dialogue et de communication
- Contrôle des réalisations - Diagnostic des points faibles - Mise en évidence des écarts	- Analyse des écarts et de leurs causes - Mise en oeuvre d'actions correctives	- Communication entre les différents niveaux hiérarchiques - Coordination des actions correctives

Gérer la maintenance 72

1. Comprendre la maintenance

La maintenance a pour objectif de maintenir ou rétablir des équipements dans un état de fonctionnement optimum tant pour effectuer leur mission que pour garantir la sécurité des personnes.

La maintenance préventive	il s'agit de limiter les risques de panne en entretenant et vérifiant les matériels
La maintenance corrective	il s'agit de remettre en fonction des matériels défaillants suite à une panne

2. Identifier les matériels concernés

La maintenance s'occupe des principaux équipements techniques.

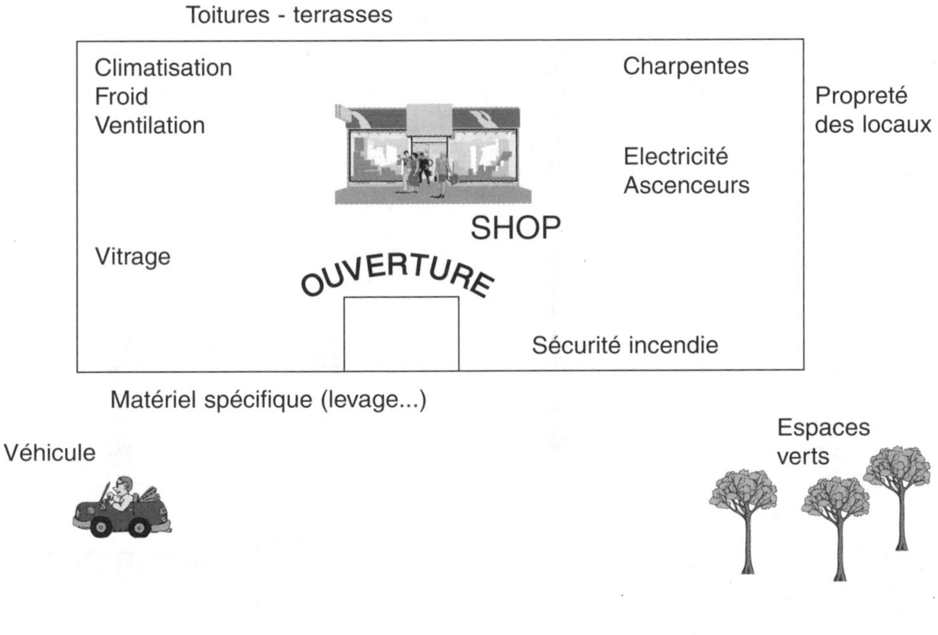

72 Gérer la maintenance

3. Gérer la maintenance

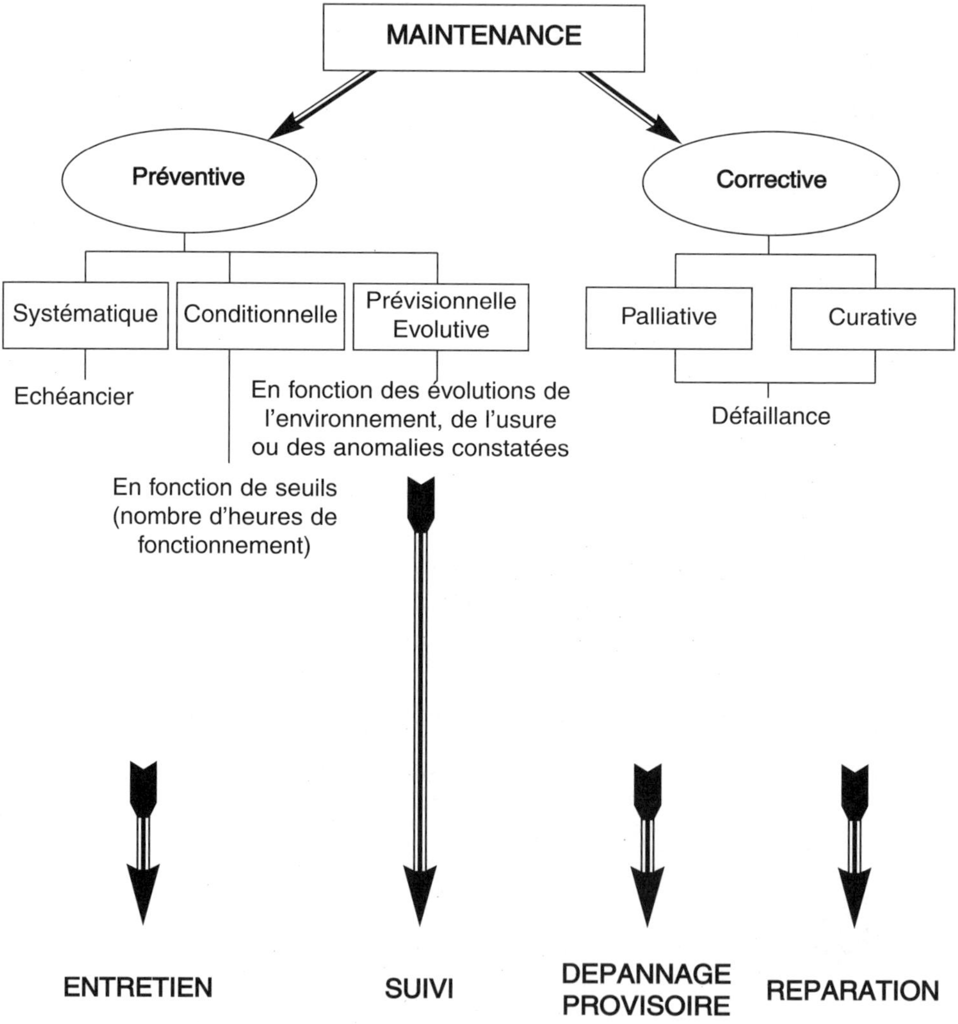

Gérer les risques 73

L'unité commerciale se développe dans un environnement concurrentiel instable. Le risque est partout... Un phénomène naturel comme la canicule de l'été 2003 peut être source de difficultés pour l'unité commerciale, tel ce point de vente qui l'avait sous-estimée et a constaté que son stock de tablettes de chocolat avait entièrement fondu sous l'effet de la chaleur.

Eviter un risque implique de l'avoir identifié, d'en avoir évalué les conséquences et de prendre les mesures nécessaires pour le rendre supportable.

1. Evaluer les risques

Il s'agit d'évaluer les conséquences pour l'unité commerciale si le risque se produit :
- perte de chiffre d'affaires
- amendes, pénalités, dommages et intérêts
- dégradation de l'image de marque
- perte de temps et d'efficacité

L'évaluation donne alors lieu à différents scénarios qui ont une probabilité plus ou moins grande de se réaliser.
L'utilisation des probabilités et de la loi normale permettent de quantifier ces risques.
D'autres techniques comme la gestion des stocks, la rentabilité des investissements ou le calcul du seuil de rentabilité limitent la prise de risque.
Pour faciliter la décision, il est indispensable de réunir des informations nécessaires et fiables compte tenu des délais disponibles et des coûts engagés par la recherche d'informations.

2. Gérer les risques

Le risque zéro n'existant pas, le responsable de l'unité commerciale doit, en fonction de l'évaluation des risques recensés préalablement, les hiérarchiser et choisir une stratégie adaptée à chacun.

73 Gérer les risques

1- Adopter une stratégie de prévention

Cette stratégie a pour objectif de limiter la probabilité que le risque se produise :
• prévenir les accidents du travail pour le personnel, les accidents au point de vente pour les clients, les incendies... par des mesures diverses d'amélioration de la sécurité,
• réduire les risques d'impayés des clients par un contrôle des espèces, des chèques et une vérification de leur solvabilité. Ces mesures ne se conçoivent pas sans implication des vendeurs et du personnel.
• limiter le risque commercial par des études de marché, le calcul de seuil de rentabilité,
• suivre la trésorerie de l'unité commerciale et sa gestion grâce aux tableaux de bord, budgets et autres études financières,
• prévenir les difficultés liées à l'obsolescence ou à un incident technique par des contrats de maintenance du matériel informatique...

2- Rechercher une stratégie d'atténuation

L'objectif, dans ce cas, est de réduire le risque s'il se présente grâce à l'une des deux techniques suivantes :

• **transfert du risque moyennant rémunération** vers :
* les assureurs pour de nombreux risques tels que incendies, responsabilité civile, change, hold-up... Le risque, lorsqu'il apparaît, donne lieu à une indemnisation
* les compagnies d'affacturage pour le recouvrement des créances clients
* le personnel impliqué dans l'unité commerciale par les résultats obtenus (participation aux bénéfices, intéressement...)
• **enregistrement de provisions** pour constater des dépréciations ou risques à venir (créances irrécouvrables, procès d'un client...)

Pour choisir entre ces 2 stratégies, voire choisir de ne rien faire et de devenir son propre assureur en assumant le risque s'il se produit, le responsable de l'unité commerciale évalue le coût et les avantages de chacune des solutions.

74 Acheter un bien ou un service

Dans le contexte économique actuel de forte concurrence, l'entreprise cherche à réduire ses coûts pour être compétitive. Dans ce cadre, les achats sont au centre de la problématique et la nécessité de bien acheter pour bien vendre relève d'un processus rigoureux.

1. Définir les besoins

Les besoins des utilisateurs (ventes, administration, entretien...) sont divers et concernent :
• des articles de consommation régulière qui donnent lieu à des achats répétitifs (marchandises, fournitures...) et à un stockage,
• des produits dont l'achat est ponctuel et pour lesquels aucun stock n'est constitué (investissement, équipement spécifique...).
Ces besoins sont définis à l'aide d'un cahier des charges.

2. Rechercher les fournisseurs

Les sources d'information sont nombreuses :
• la publicité,
• internet,
• la presse professionnelle,
• les annuaires téléphoniques et professionnels,
• les représentants,
• la documentation recueillie sur les foires, salons, expositions...
La mise en place d'un système d'information sur les produits et les fournisseurs facilite cette recherche.
Dans cette phase, l'acheteur a l'initiative du contact avec les fournisseurs potentiels. Il recherche leurs propositions grâce à l'envoi d'un appel d'offres (voir exemple ci après), ou d'une demande de prix.

3. Sélectionner les fournisseurs

A la réception des offres, l'acheteur réalise un tableau de comparaison.
Les critères de sélection les plus utilisés sont :

- la qualité,
- le prix,
- les délais de livraison,
- les conditions de paiement,
- le SAV.

Chacun est pondéré selon son importance relative, l'acheteur a une mission d'achat dans des conditions optimales, cela ne signifie pas obligatoirement au prix le plus bas.
La notation des fournisseurs permet une comparaison efficace des offres et une sélection de ceux avec lesquels une négociation peut s'engager.
Cette négociation doit permettre d'obtenir des avantages réciproques et d'effectuer un choix définitif.

4. Réaliser la commande et son suivi

Après sélection du fournisseur, la commande lui est confirmée par courrier ou fax.
Il est indispensable d'effectuer un suivi et en particulier de veiller au respect du délai de livraison et à la conformité des produits livrés (quantité et qualité). Différents contrôles entre bon de commande, bon de livraison et facture sont alors réalisés pour permettre le règlement du fournisseur à l'échéance prévue.
Par ailleurs, pour les produits stockés, une gestion physique et économique du stock est mise en place.

Acheter un bien ou un service 74

Les éléments clés d'une lettre de demande de documentation

PHRASE D'ACCROCHE
à choisir

Monsieur,

Votre entreprise spécialisée dans . . . .
a retenu toute notre attention
Votre publicité parue dans . . . .
Pour faire suite à notre entretien du . . . .

DEMANDE
A exprimer concrètement

Nous vous serions reconnaissants de nous faire parvenir...
Nous vous demandons de bien vouloir nous communiquer le plus rapidement possible

- ➔ un catalogue général
- ➔ une documentation technique sur . . . .
- ➔ une documentation spécifique sur . . . .
  - + vos tarifs,
  - + vos délais de livraison

REMERCIEMENTS

Nous vous en remercions par avance
Avec nos remerciements . . . .

FORMULE DE POLITESSE

Nous vous prions d'agréer, Monsieur,
Recevez, Monsieur

- ➔ l'expression de nos sentiments distingués,
- ➔ l'expression de nos salutations distinguées,
- ➔ l'assurance de notre considération.

75 Gérer les stocks

La gestion des stocks consiste, en fonction des capacités de stockage, à planifier les commandes et les livraisons mais aussi à gérer les emplacements physiques pour optimiser l'espace disponible.

1. Concevoir l'entrepôt

La cour d'arrivée et les accès	ce sont les surfaces nécessaires aux manoeuvres des camions : voies d'accès, zone de manoeuvre et zones de mise à quai et éventuellement une zone de parking si un camion doit attendre la libération d'un quai.
Les quais d'arrivée	ce sont les quais de déchargement.
Les zones de contrôle	vérification du bon de transport, rapprochement du bon de livraison et de la commande attendue (comptage des produits).
Les zones de stockage	elles sont organisées selon les produits stockés en surface au sol et en fonction des hauteurs de gerbage.
Les entrepôts frigorifiques	des contraintes spécifiques quant à la température sont à respecter en fonction de la nature des produits (surgelés, produits frais).
Les allées de circulation	leur largeur dépend des moyens de manutention utilisés, elles doivent permettre d'assurer la sécurité.
Les locaux techniques	pour assurer la maintenance, la gestion informatique, le chauffage, la sécurité...

Gérer les stocks 75

2. Gérer les mouvements

- La gestion des entrées

Elle est réalisée à la réception. Le système informatique permet la saisie des articles reçus, leur entrée en stock et la gestion de leur emplacement.

- La gestion des sorties

C'est le passage en caisse qui permet d'enregistrer les articles sortis du stock.

3. Evaluer les stocks

- L'inventaire permanent

Grâce aux saisies informatiques des entrées et des sorties, l'unité commerciale connait en permanence l'état théorique de son stock.

- L'inventaire intermittent

Cette opération imposée une fois par an par le Code du commerce, consiste à compter tout ce qui se trouve en stock.
Les causes des écarts constatés entre inventaire physique et inventaire permanent sont les suivantes :

- erreur sur les quantités entrées
- erreur d'enregistrement en caisse
- articles détériorés (Ex : casse)
- démarque inconnue (Ex : vol)

76 Prospecter les entreprises

Dans le cadre d'une formation en continu ou en alternance, vous devrez sans doute prospecter les entreprises pour obtenir un stage ou un contrat de travail.

1. Préparer

Vous devez connaître le " produit " que vous souhaitez vendre, à savoir :

- votre formation en BTS MUC : qu'est-ce que c'est ? quels sont les avantages pour l'entreprise ? quand êtes-vous en entreprise (planning, durée...).
- votre personne : quel est votre objectif professionnel ? Quelles sont vos motivations ? quels sont vos qualités et vos défauts ? que pouvez-vous apporter à l'entreprise ?

Votre établissement de formation peut vous assister dans cette préparation, mais dans la plupart des cas ne se substituera pas à vous dans les contacts.
Il faut préparer un véritable argumentaire et disposer d'outils (plaquette de présentation, de la formation, press book...).

LES CLES DE LA PREPARATION

1- Un bon ciblage des UC à prospecter
2- Une bonne maîtrise des objectifs du stage d'ACRC (voir fiche n°1)
3- Un argumentaire de vente de la formation
4- Un diagnostic professionnel des compétences et attentes
5- Un CV et une lettre de motivation (voir fiches n°43 et 44)

2. Prospecter

Soyez organisé ! A l'aide du fichier des UC susceptibles de vous accueillir et des documents à votre disposition, préparez votre contact.
Plusieurs solutions se dessinent, il convient de retenir la ou les plus adaptées à la cible.

Prospecter les entreprises 76

	AVANTAGES	INCONVÉNIENTS
Visite	• le face à face facilite la transmission de votre demande	• interlocuteur indisponible ou absent • plusieurs visites sont parfois nécessaires
Courrier	• contact rapide de plusieurs entreprises	• adaptation de la lettre de motivation à chaque UC • suivi indispensable par téléphone
Téléphone	• contact rapide • préalable à la visite et/ou au courrier • suivi	• préparation indispensable (guide d'entretien, réfutation des objections, contournement des barrages de la secrétaire…)

Le type de contact varie aussi avec le type de relation que vous entretenez avec l'interlocuteur : commencez par les entreprises et les relations personnelles que vous avez.

77 Rechercher une entreprise d'accueil

La recherche du stage est assurée conjointement par l'étudiant et l'équipe pédagogique. Elle s'appuie sur la définition du contenu indispensable pour présenter l'épreuve E4 (voir fiche n°29).

1. Cibler

Pour prospecter, sachez utiliser au mieux les cibles à votre disposition.

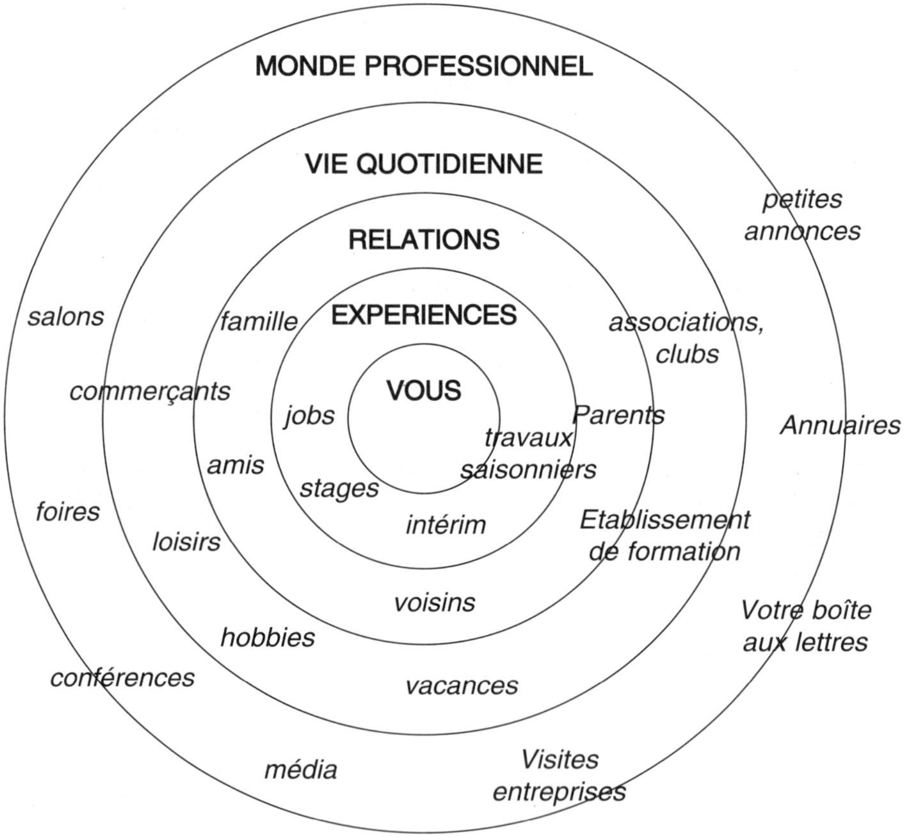

Les personnes que vous connaissez sont un moyen efficace et largement répandu de contact voire de soutien pour votre demande :

77 Rechercher une entreprise d'accueil

- vos relations personnelles sont votre premier cercle de prospection,
- les entreprises dans lesquelles vous avez déjà travaillé, sachez reprendre contact pour leur vendre vos projets,
- vous fréquentez tous les jours des commerçants et des UC : la grande surface de sport dans laquelle vous achetez votre matériel, votre banque sont susceptibles de vous accueillir,
- vos activités sociales peuvent également vous permettre des contacts intéressants (associations, clubs...),
- votre esprit de découverte est lui aussi à l'origine de nombreux contacts que vous pouvez exploiter : la visite d'une foire est l'occasion de rencontrer des professionnels, un article intéressant, la lecture d'une petite annonce peuvent vous inciter à travailler dans une structure particulière...

2. Constituer un fichier

La multiplicité des entreprises susceptibles d'être contactées nécessite que vous organisiez votre démarche de prospection.
Constituez vous un fichier personnel qui vous permettra de suivre au mieux vos contacts.

Entreprise	Adresse	Téléphone	Fax	Respon-sable	Personne à contacter	Fonction	Date de demande	Suivi réponse

Pour préparer votre prospection, il convient de **qualifier** le fichier, c'est-à-dire de vérifier les coordonnées des personnes à contacter (nom des responsables : managers, chefs de rayon, directeur des ressources humaines...) (voir fiche n°79).

78 Négocier son stage

Le but essentiel lors de l'entretien est évidemment pour vous d'être pris, mais pas à n'importe quel prix : l'intérêt des missions et leur adéquation avec l'épreuve d'ACRC dépendent de cet entretien.

1. Réussir le premier contact

N'oubliez pas que la première impression que vous allez donner est déterminante pour la suite de l'entretien.

LES 10 CONSEILS

1- rassembler des informations utiles sur l'entreprise (activité, clientèle, difficulté…)
2- être à l'heure
3- adopter une tenue adaptée à la situation
4- abandonner chewing-gum, bonbons et cigarettes
5- être souriant
6- être positif
7- être dynamique
8- être poli
9- saluer
10- surveiller vos attitudes et votre vocabulaire (pas d'argot, pas de jurons…)

Votre présentation doit laisser une impression favorable à votre interlocuteur et créer un climat de sympathie.
La communication gestuelle est importante (voir fiche n°52), votre tenue, votre attitude et vos propos doivent être soigneusement préparés (voir fiche n°58).

2. Réussir l'entretien

Vous avez obtenu un entretien ; il vous reste à l'exploiter du mieux possible. Comme dans un entretien d'embauche (voir fiche n°57), après avoir rappelé le précédent contact, vous présentez vos objectifs, vos expériences, vos motivations.
Votre interlocuteur vous présente l'entreprise et sa structure.
Au cours de l'entretien, vous allez négocier ensemble le contenu du stage, les missions…

Négocier son stage

78

Pour que cet échange soit positif, assurez-vous que les messages émis sont clairs et compris du " récepteur ". Vérifiez régulièrement que le message a bien été reçu. Pratiquez l'écoute active (voir fiche n°62) et développez votre argumentation. Reformulez les points acquis de l'entretien... Pensez à prévoir la suite : contact du responsable pédagogique, courrier, convention de stage...

Avant de prendre congé, pensez à remercier votre interlocuteur pour le temps qu'il vous a consacré et laissez votre carte de visite si ce n'est pas déjà fait.

LES QUESTIONS "QUI TUENT"

1. Pourquoi avez-vous choisi notre entreprise ?
Vous n'avez pas choisi l'entreprise au hasard, votre interlocuteur attend des critères de choix précis qui valorisent sa société (image, notoriété, taille...).

2. Que voulez-vous faire exactement ?
Montrez que vous avez un projet professionnel. Evitez de dire " je ne sais pas " ou " ce que vous voulez ". Vous devez négocier le contenu de vos missions.

3. Quels sont vos qualités et vos défauts ?
Ne soyez pas prix au dépourvu. Votre bilan de compétences doit vous aider. Exposez des qualités réelles sans fausse modestie. Choisissez des défauts qui sont positifs à la base (exemples : parfois trop méticuleux ou enthousiaste à l'excès).

79 Construire une base de données

La base de données est l'outil principal pour s'adresser de manière spécifique à un individu ou une entreprise. Utilisé en prospection, vente à distance ou mercatique directe, ses atouts sont nombreux à condition d'être un outil performant.

1. Consulter les sources d'information

Vos cibles identifiées, vous disposez de différents moyens pour constituer votre base de données :

- Relever les coordonnées des clients sur les chèques, les certificats de garantie, cartes de fidélité, les demandes de devis, les billets de tombola ou autres loteries et concours.
- Utiliser les retours de coupons insérés dans la presse pour une demande de documentation.
- Faire participer les clients par l'intermédiaire d'un système de parrainage.
- Consulter les annuaires : Poste, professionnels (Kompass...), anciens élèves...
- Obtenir d'organismes ciblés des coordonnées. Exemple : les bans de mariage ou les avis de naissance à la mairie.
- Acheter, échanger ou louer des fichiers à des entreprises non concurrentes mais dont la clientèle correspond à votre cible.
- Acheter, échanger ou louer des fichiers à des entreprises spécialisées, des organismes professionnels...

LES ORGANISMES A CONTACTER			
KOMPASS Calix France	Consodata CNIL	CCI : Telefirm INSEE : Sirene	Poste-Mediapost France Telecom

2. Structurer la base de données

La structure sera définie en fonction des objectifs qui lui sont assignés pour une utilisation optimale. Avant de créer une base de données, interrogez-vous sur les informations à mémoriser.

Les indications indispensables sont :

- **Les données sociodémographiques :**

- Raison sociale ou nom
- Adresse (résidence, bâtiment...), rue
- Code postal
- Ville

- Activité ou profession
- Nom du responsable, prénom et titre (le MAN : Moyen, Autorité, Nécessité)
- Téléphone/fax

• **Les données comportementales :**
- Fréquence d'achat
- Utilisation...

Des informations sur l'historique et la nature des achats peuvent venir enrichir ce fichier. Des tris sur le nom, la ville, l'activité, le type d'achat ou le montant des achats seront indispensables pour segmenter la base de données et cibler certains clients en fonction des actions réalisées.
Dans la plupart des cas, la base de données est informatisée, le choix du logiciel est alors primordial pour les utilisations futures.

Remarque :
La loi du 6 janvier 1978 précise que l'enregistrement d'informations nominatives dans un fichier informatique doit être déclaré préalablement à la CNIL à l'aide d'un imprimé CERFA n° 9900. Toutes les personnes concernées possèdent un droit d'accès aux informations enregistrées.

3. Mettre à jour la base de données

La qualité de la base de données dépend des informations qu'elle contient. Certaines informations nécessaires à votre action ne figurent pas au fichier (par exemple le nom du responsable recrutement). La qualification du fichier est alors indispensable. Elle consiste en l'obtention de ces informations grâce à des fichiers complémentaires ou plus simplement par un phoning au standard des entreprises.
Pour qu'il conserve un intérêt maximal, il convient de régulièrement mettre à jour la base de données par :
- Les NPAI (n'habite plus à l'adresse indiquée...)
- Les coordonnées des nouveaux responsables
- Les modifications d'adresses
- Les achats...

En cas contraire, les données obsolètes seront alors autant de coûts inutiles. De même, la compilation de renseignements provenant de sources différentes favorise le risque de voir apparaître plusieurs fois le même individu. La déduplication possible avec certains logiciels permet de supprimer les doublons. Ces «nettoyages» sont à réaliser tous les trois mois pour un fichier de professionnels et tous les six mois pour un fichier de particuliers.

80 Réaliser une étude de marché

Les entreprises se posent sur leur marché des questions stratégiques (Ex : quel est notre marché potentiel ?) ou opérationnelles (Ex : vaut-il mieux un décor rouge ou un décor vert ?). Etude qualitative ou quantitative, étude d'image ou baromètre de satisfaction, nombreux et variés sont les outils à sa disposition, mais comment choisir ?

1. Définir les objectifs

Si l'objectif principal d'une étude de marché est l'aide à la décision du responsable pour limiter sa prise de risques, on identifie cependant différents types d'objectifs liés à chaque situation :

- Recueillir des informations en vue de les exploiter ultérieurement,
- Connaître l'ensemble du marché, son évolution, ses potentialités...,
- Evaluer le marché de l'entreprise,
- Prendre des décisions :
    - produit : définition des caractéristiques ou du concept
    - prix : définition du prix de lancement,
    - distribution : choix d'un canal de distribution, d'un emplacement,
    - communication : définition des cibles et moyens,
- Contrôler le bien fondé d'une politique, d'un concept, d'une action.

2. Définir le budget

Une étude de marché peut coûter plusieurs dizaines de milliers d'euros.
Une fois les objectifs fixés, il vous faut rechercher les moyens les plus économiques et les plus efficaces pour atteindre ces objectifs.
Après évaluation du budget consacré à l'étude, le responsable choisit donc de confier le travail à un service de l'entreprise, à un prestataire spécialisé ou, pour limiter les coûts, à une association d'étudiants ou junior entreprise.

3. Choisir l'étude

Les objectifs fixés et le budget déterminé, il convient de choisir l'étude la plus adaptée, celle qui fournit les informations utiles pour répondre aux questions que se pose le responsable (voir tableau ci-après).

80 Réaliser une étude de marché

LES QUESTIONS STRATEGIQUES	LES ETUDES À ENVISAGER
- Que pensent mes clients, mes partenaires, mes salariés, le public... de mon entreprise ?	*Etude corporate, étude d'image*
- Mon nom est-il connu ? reconnu ?	*Etude de notoriété*
- Quelle est ma clientèle ? - Que recherche-t-elle ?	*Etude des besoins, analyse du comportement, attitude, profil, structure, étude de satisfaction*
- Quels sont mes concurrents ? - Quelles sont leurs forces et leurs faiblesses ? - Quelle est ma part de marché ?	*Etude de concurrence*

LES QUESTIONS OPERATIONNELLES	LES ETUDES À ENVISAGER
- Quelles sont les chances de succès de l'entreprise ? - Le nom est-il adapté ?	*Etude de concept* *Test de nom*
- Quel prix les consommateurs sont-ils prêts à payer ?	*Prix d'acceptabilité, test de prix*
- Quelle communication mettre en place ? - Quels axe, thème et message choisir ? - Quelle a été l'efficacité de notre campagne publicitaire ?	*Etude des supports* *Pré-test* *Post-test*

81 Effectuer une étude documentaire

Assurer une veille commerciale est indispensable pour développer l'Unité Commerciale. Avant de commander une étude spécifique, une étude documentaire s'impose dans la phase exploratoire. Il faut collecter les données secondaires, c'est à dire les informations déjà disponibles au sein de l'entreprise ou accessibles à l'extérieur auprès d'organismes divers.

1. Définir les objectifs

Il faut garder à l'esprit que votre objectif n'est pas de collecter le maximum de données mais plutôt de sélectionner l'information utile. Selon le cas, les objectifs précis peuvent consister à :

- Décrire l'environnement ou la structure de l'offre,
- Préciser des hypothèses de travail,
- Proposer des champs d'investigation,
- Présenter une situation existante (produits, prix, distribution, communication...),
- Rechercher les principaux textes réglementaires sur le marché en matière de qualité, prix, distribution, promotion, publicité...,
- Etc.

Les premières questions à vous poser sont de savoir quelles sont les données pertinentes à trouver, les renseignements à rechercher.

2. Repérer les sources documentaires

Les informations internes

Quelle que soit leur taille, les entreprises disposent d'une mine d'informations éparses, susceptibles d'être recueillies au sein même de l'entreprise :

- **Service commercial :** fichier clients, rapports des vendeurs, CA par secteurs, types de produits vendus
- **Service marketing :** études antérieures
- **Service comptable :** statistiques des ventes, ventilation des coûts
- **Service consommateurs, SAV :** suggestions, réclamations.

L'analyse documentaire peut être complétée par des entretiens avec des membres du personnel.

Les sources externes

De nombreuses études ont déjà été menées sur un grand nombre de sujets par des organismes extérieurs. Certaines sont même gratuites. Les sources d'information sont variées :

Effectuer une étude documentaire 81

- **Banques de données**
- **Organismes publics :** INSEE, CNIL, CREDOC, AFNOR, Ministères, ANVAR, INED, INPI, CERC...
- **Organismes para publics :** CECOD, COFACE, BFCE, ACTIM, NOREX
- **Organismes privés :** CCA, Cofremca, Nielsen, Secodip, ADETEM, AFRESCO, CESP, IREP, IFLS, UFC...
- **Organismes professionnels :** Chambre de commerce et d'Industrie, Chambre des Métiers, CCI internationale, Groupement d'exportateurs, Syndicats professionnels.
- **Organismes internationaux :** ONU, CNUCED, Union Européenne, OCDE, FMI, Banque Mondiale...
- **La presse spécialisée :** LSA, Point de vente, Marketing Mix, Linéraire...
- **La presse généraliste :** Le Monde...
- **INTERNET**

3. Collecter et sélectionner les informations

Le recueil des informations secondaires est généralement rapide et peu coûteux. Il faut cependant rester critique à leur égard.

LES QUESTIONS SUIVANTES S'IMPOSENT LORS DE LA COLLECTE DE DONNÉES SECONDAIRES :

1- Quel est le coût d'obtention des renseignements ?
2- Quel est le délai de disponibilité ?
3- Les informations sont-elles fiables et d'actualité ?
4- Correspondent-elles au problème qui m'intéresse ?
5- Sont-elles utilisables eu égard à mes objectifs ?

En réponse à ces questions, il est souhaitable de recouper les informations et de proposer des recherches complémentaires spécifiques si les renseignements fournis ne sont pas suffisants pour une prise de décision immédiate. Dans la plupart des cas, l'étude documentaire permet de définir des hypothèses de travail qui seront confirmées par une étude sur le terrain, qualitative ou quantitative.

82 Préparer une étude qualitative

Caractérisée par sa nature exploratoire, l'étude qualitative s'appuie sur des techniques et méthodes d'analyse issues de la psychologie et de la sociologie. Souvent utilisée dans la phase exploratoire d'une étude de marché, elle recherche le pourquoi des comportements.

1. Définir les objectifs

L'approche qualitative permet d'étudier les individus en profondeur et donc de répondre à différentes situations par des objectifs divers :
- observer des comportements,
- identifier des motivations et freins,
- affiner un positionnement,
- inventer ou tester des noms, des slogans, des produits, des concepts,
- préparer une étude quantitative (définir les thèmes de travail et hypothèses).

2. Préciser la cible

Le choix des personnes à interroger conditionne la qualité de l'étude. Ainsi, les personnes seront sélectionnées en fonction de l'âge, du niveau de vie, du sexe, de la consommation de produits selon la cible à étudier.
Cependant, il n'est pas nécessaire d'interviewer un nombre important de personnes représentatives au sens statistique. Un échantillon de 5 à 50 individus est suffisant pour obtenir des informations qualitatives, l'objectif n'étant pas de quantifier.

3. Recruter les participants

Pour recruter les participants, vous rechercherez des consommateurs volontaires en multipliant les sources de contacts (petites annonces, comités d'entreprises, syndicats professionnels, consommateurs...). Vous ne retiendrez ni vos amis, qui ne sont pas toujours objectifs, ni les professionnels des interviews qui faussent les résultats. Pour éviter une préparation de la réunion par les personnes recrutées, elles peuvent être soumises au préalable à une enquête par téléphone pour brouiller les pistes.

Préparer une étude qualitative 82

4. Préparer l'entretien

Vous choisirez un lieu calme et neutre pour les interviewés. Animateur et observateurs feront preuve de la même neutralité. Leur rôle sera préalablement défini, les techniques utilisées déterminées (voir tableau), le matériel nécessaire (audio, vidéo...) préparé et un guide d'entretien sera construit (voir fiche suivante). Plus le guide sera structuré et moins la qualification de l'enquêteur sera indispensable.

LES DIFFERENTES TECHNIQUES UTILISEES EN ENTRETIEN	
Les observations	L'observation permet d'éliminer le biais de l'enquêteur. **- L'observation simple :** l'observateur n'est pas repérable. Elle sera réalisée dans un point de vente expérimental (caméra cachée, filature, micro caméra qui suit l'oeil du consommateur) ou en situation réelle dans le linéaire. Eléments observés : prise en main des produits, temps de réflexion avant l'achat, lecture d'information... **- L'observation verbalisée :** l'individu observé devra commenter à haute voix toutes ses actions, ses pensées lors d'un achat. **- L'observation appareillée** à l'aide de l'audimètre, du scanner, du tachytoscope («système vidéo permettant de faire varier la vitesse de défilement d'un film») afin de mesurer la perception visuelle et la mémorisation, des caméras pupillométriques qui permettent de mesurer les mouvements des yeux pour connaître les éléments qui sont vus en premier...
Les tests	Ils contribuent à sonder l'inconscient des individus puisque les techniques utilisées contournent les blocages. Plusieurs tests existent : - Tests projectifs pour dépasser les tabous - Tests de perception, ex : TAT (Thematic Apperception Test) conçu et développé par Murray en 1943. Constitué par des images, des photos... représentant des situations ambiguës - phrases à compléter - association de mots - portrait chinois... Ces techniques plus créatives font appel à l'imagination des individus.

LES 5 CONSEILS

1- veiller au recrutement des interviewés (éviter les amis, les "professionnels"...), et à la neutralité de l'animateur,
2- éviter l'apparition d'un leader dans une réunion de groupe,
3- être rigoureux dans la préparation de l'enquête (respecter les étapes...),
4- vérifier la fiabilité et la validité des instruments, des techniques utilisées
5- éviter la généralisation des résultats et se rappeler que ce ne sont que des suggestions et non des solutions.

83 Réaliser une étude qualitative

1. Conduire l'entretien

Pour mesurer les motivations du consommateur, l'étude qualitative privilégie le contact direct. L'information est donc collectée lors d'entretiens individuels ou de groupe par un enquêteur spécialisé en psychologie, sociologie ou sémiologie.

COÛT ET INTÉRÊT DES DIFFÉRENTS ENTRETIENS	
L'entretien individuel	**Durée :** 1 à 2 heures **Coût unitaire élevé** = 800 € Riche d'informations en profondeur, détaillées. A utiliser pour des sujets difficiles (santé...) ou tabous (sexualité...) Doit être réalisé par un animateur qualifié et analysé par un professionnel
L'entretien de groupe tables rondes	8 à 12 personnes **Durée** = 2 à 4 heures **Coût :** de 3 000 à 8 000 € Informations plus riches grâce à l'échange d'idées, création d'une dynamique Réaliser au moins 2 réunions sur le même thème A réserver aux produits haut de gamme, aux cibles professionnelles, aux budgets importants, aux tests de concepts, produits, noms et slogans publicitaires.

2. Analyser les données

La démarche d'analyse relève de professionnels, psychologues, sémiologues ou sociologues. Les différentes techniques utilisées complexifient cette analyse. Ainsi, tous les éléments de l'entretien : vocabulaire, thèmes, silences, répétitions, hésitations, lapsus... et tous les comportements non verbaux : attitudes, regards, gestes... auront leur importance. Un «bof» à la présentation d'un produit ou un silence en guise de réponse à une question posée seront porteurs de sens.
L'analyse mettra en évidence les mots utilisés, leur fréquence, les associations ou connotations : Jaïpur évoque l'Inde, Baccara le luxe...
Une synthèse des différentes analyses sera nécessaire pour valider l'étude. Les résultats ne sont pas généralisables, et des études quantitatives complémentaires permettront de quantifier et de proposer des outils pour la prise de décision et l'action.

Réaliser une étude qualitative 83

Les éléments clés du guide d'entretien

Destiné à l'enquêteur, il aborde les thèmes du général au particulier (principe de l'entonnoir).

OBJECTIFS
Ils figurent pour préciser à l'enquêteur les réponses attendues, ils ne sont pas exprimés devant les enquêtés.

Guide d'entretien

Objectif 1 = connaître la relation de l'interviewé à l'éducation

Consigne = je souhaite que vous me parliez d'éducation. Pour vous, qu'est-ce que l'éducation d'un enfant ?

Thèmes à aborder :
1- L'éducation parentale
2- L'éducation à l'école
3- La complémentarité des deux

Objectif 2 = identifier les outils utilisés par l'interviewé pour éduquer ses enfants de façon ludique

Consigne = Pouvez-vous me préciser quels jeux éducatifs vous privilégiez pour vos enfants ?

Thèmes à aborder :
1- Définition du jeu éducatif
2- Qualités d'un jeu éducatif
3- Attentes
4- Prix

CONSIGNE
Elles traduisent les objectifs : ce sont des questions ouvertes et neutres proposées aux enquêtés.

THEMES
Ce sont les questions importantes sur lesquelles les interviewés doivent s'exprimer. Ils constituent une check-list pour l'enquêteur qui les évoquera de façon ouverte pour faire s'exprimer les enquêtés s'ils ne l'ont pas fait spontanément.

84 Construire un échantillon

Les études quantitatives s'appuient sur un sondage de la population à étudier. Cette population de référence est parfois interrogée dans son ensemble dans le cadre d'un recensement, mais dans la plupart des cas, cette opération est impossible. L'étude porte alors sur un échantillon représentatif de la population. Un bon échantillon doit être une image fidèle des caractéristiques de la population étudiée.

Pour le construire, deux groupes de méthodes d'échantillonnage existent : les méthodes probabilistes et les méthodes empiriques.

Les méthodes probabilistes

Ces méthodes reposent sur les études statistiques. Cependant, elles nécessitent une liste exhaustive des individus de la population de référence, ce qui permet un tirage au sort.

Méthodes	Caractéristiques	Avantages	Inconvénients
Aléatoire ou élémentaire : tirage au sort, nombres au hasard	- établir une liste de la population - tirage au sort ou utilisation d'une table de nombres au hasard (voir fiche n°85)	- bonne représentativité - simple	- nécessité d'une liste - dispersion des enquêtes - biais dûs aux absences, refus - long et coûteux
Aréolaire ou en grappe ou par zones	- tirer au sort des "grappes" ou zones - interroger tous les individus de la grappe ou zone	- limite la dispersion géographique - moins coûteux	- moins fiable - travail préparatoire important - inadapté à certaines situations (campagne)
Sondage stratifié	- découper la population en strates homogènes - tirer au sort dans chacune des strates	- chaque strate est représentée	- segmentation difficile - complexe et coûteux
Sondage à fraction sondée variable	- segmenter la population - définir le taux de sondage variable pour chaque segment - tirer au sort dans chaque segment	- le plus approprié pour le sondage en milieu industriel	- choix des taux de sondage difficile

Construire un échantillon 84

Les méthodes empiriques

Ces méthodes ont pour objectif de définir un échantillon représentatif a priori.
Elles sont utilisées pour pallier au défaut de liste de la population de base.

Méthodes	Caractéristiques	Avantages	Inconvénients
Quotas	- diviser la population en classes homogènes - déterminer les quotas - créer un échantillon représentatif de cette population	- moins coûteux - mise en oeuvre plus rapide - modèle réduit de la population - exhaustivité de la population non nécessaire - la plus utilisée des instituts de sondage	- précision des résultats non connue : pas de probabilité - représentatif pour les critères retenus seulement - nécessité de statistiques à jour - bien utiliser les mêmes P.C.S lors de l'enquête - liberté de choix de l'enquêteur
Itinéraires ou "routes au hasard"	Reconstituer les conditions d'une méthode probabiliste : - définir un itinéraire - indiquer les points d'arrêt	- souvent associée aux quotas	- lourde et parfois impossible à appliquer

85 Utiliser une table de nombre au hasard

1. Principes

Les tables de nombres au hasard donnent des suites de nombres compris entre 0 et 9 telles que chaque chiffre ait une probabilité de 1/10ème d'apparaître.

2. Méthodologie

La table est utilisable dans tous les sens (horizontal, vertical, en diagonale), à partir d'un point quelconque.

Il est important de fixer le cheminement (de gauche à droite, de haut en bas, en retenant tous les chiffres, un chiffre sur 2...) et de suivre le cheminement défini du début à la fin du travail.

Si un nombre a déjà été retenu, on le saute.

Si un nombre obtenu est supérieur à la taille de la population de base (N), il est remplacé par le reste de la division par N.

Exemple : on prélève un échantillon de 10 clients parmi une liste de 400

Soit un extrait d'une table de nombre au hasard :

01990	94762	89926	84764	19159	95355	98213	17704	47400	30837
02404	42408	67981	43684	55467	47030	42545	43920	11199	36521
59253	71535	26149	35629	87127	45581	00185	01041	46662	98897
20471	13914	99330	37938	69649	57964	97149	41628	78664	80727
65946	60766	74084	22484	49514	89820	41310	19722	07045	28808
00939	47818	75949	44707	49105	06777	31998	79942	98351	10265
49952	29123	45950	67578	13524	03023	18046	75287	74989	58152
17328	70732	46319	26950	19037	02831	36558	82712	05590	64941
19420	70215	90476	76400	51553	12158	14668	15656	37895	94559
19121	41190	49145	05373	00755	17817	22757	76116	76977	94570
44300	56179	71202	49238	83682	21989	63268	74644	53625	10791
99403	96757	34512	06475	89028	00290	93766	70812	98331	09611
78578	51589	83195	56332	75076	58202	58038	38817	63835	13486
89830	60177	94550	10119	09083	33398	29974	67721	75037	70444
89502	83947	99940	60969	79452	91472	12611	41681	95285	44153

Si le cheminement fixé est le suivant : de gauche à droite, de haut en bas, tous les nombres à partir de la 4 ème ligne, alors les clients retenus seront :

- le 204
- le 311 (711 - 400)
- le 391, 99 (499 - 400), 330, 379, 386, 164 (964 - 2 x 400), 157 (957 - 2 x 400)

et 171 (971 - 2 x 400)

Déterminer la taille de l'échantillon 86

1. La taille de l'échantillon

De la taille de l'échantillon dépend la précision des résultats obtenus. Plus la taille est élevée, plus la fiabilité est grande.
Dans le cadre de méthodes probabilistes, la taille se calcule à partir de statistiques. Ainsi, pour un sondage non exhaustif, le taux de sondage de la population mère est inférieur à 1/7, la taille est alors fonction :
- de l'erreur acceptée,
- du pourcentage observé,
- du seuil de confiance que l'on attribue à la mesure.

2. Le calcul

En théorie, la taille se calcule à partir de statistiques.
A - On fixe la fiabilité, appelée seuil de confiance que l'on veut donner à l´étude :
- en théorie de 0 à 100 %
- en pratique de 68 à 99 %

Si on se fixe 95 %, sur 100 échantillons prélevés, seulement 5 ne seront pas représentatifs de la population de base.
A ce seuil de confiance correspond un coefficient t obtenu par la loi de Gauss.

SEUIL	COEF. t
68 %	1
90 %	1,6
95 %	1,96 arrondi à 2
99 %	2,6

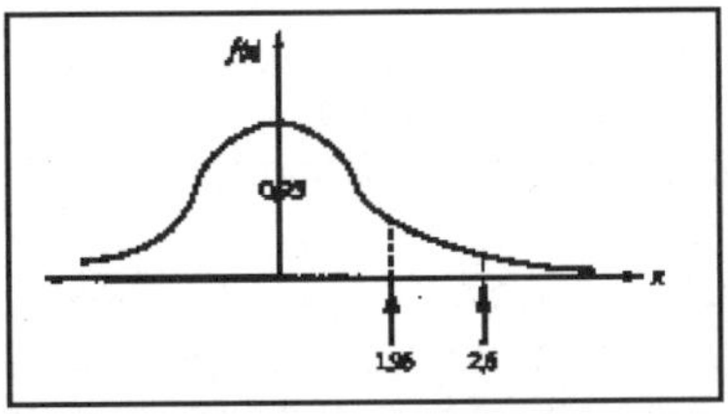

B - On détermine un intervalle de confiance, c'est à dire l´erreur acceptée lors de l'extrapolation à la population de base : x %
Si e = 2 %, l'estimation faite du sondage ne devrait pas s'écarter de plus ou moins 2 % de la réalité

C - On peut alors calculer la taille de l'échantillon nécessaire, soient :
n la taille de l'échantillon
p la proportion observée dans l'échantillon

86 Déterminer la taille de l'échantillon

q = 1 - p
e l'erreur acceptée
t le coefficient correspondant au seuil de confiance défini, alors :

$$n > \frac{t^2 pq}{e^2}$$

Dans la pratique, on utilise souvent un seuil de 95 % et la formule est alors :

$$n > \frac{4pq}{e^2}$$

Exemple : dans une population ou une personne sur deux présente le caractère donné, avec un seuil de 95 % et une erreur acceptée de 3% la taille de l'échantillon à interroger est de :

$$n > \frac{4 \times 0,5 \times 0,5}{(0,03)^2} \qquad n > 1111$$

En interrogeant un échantillon de 1111 personnes, on a 95 % de chances pour que dans la population, la proportion réelle de personnes présentant le caractère donné soit comprise entre 0,47 et 0,53.

En pratique, la taille n'est pas une fin en soi, ce sont les objectifs de l'étude qui vont la déterminer.
La taille est alors fonction de :
- **la précision** désirée et de son importance
- **l'objectif de l'enquête :** s'il est subjectif, politique, la taille augmente, pour crédibiliser l'action, argumenter les résultats
- **ce que l'on mesure :** pour du "subjectif" (motivations, opinions, besoins...) la taille diminue, par contre, pour de "l'objectif"(usage d'un produit, âge, sexe...) la taille augmente
- **le résultat souhaité** global ou segmenté (par âge, par région...)
- **le budget** c'est à dire la capacité financière
- **les contraintes** de temps

Une taille de 300 à 500 questionnaires est fréquemment utilisée. La précision obtenue est suffisante pour tirer des conclusions fiables sous réserve de composer l'échantillon de façon rigoureuse.

Rédiger un questionnaire 87

Les enquêtes par sondage constituent une technique couramment utilisée dans le domaine des études quantitatives.

Toutes les études quantitatives s'appuient sur un questionnaire. Celui-ci doit respecter des règles précises en terme de contenu et de forme.

L'ORDRE DES QUESTIONS

Il dépend :
- du type d'enquête : recherche d'opinions, de données factuelles
- des caractéristiques de l'échantillon
- du mode d'administration
- de la longueur

En général on trouve :
- les questions d'identification en fin sauf si elles sont nécessaires pour filtrer dans le corps du questionnaire (Ex. : ville de résidence)
- les questions simples au début, pour mettre en confiance
- les questions délicates sont au coeur du questionnaire pour éviter un refus en début ou un effet de relâchement en fin
- les questions difficiles alternent avec les questions plus faciles, pour détendre et distraire l'attention
- les questions sont regroupées par thème
- les questions vont du thème général au particulier
- des questions identiques présentées sous des formes différentes, peuvent être introduites à plusieurs endroits du questionnaire pour vérifier la cohérence des réponses et éviter les biais (dans le cas de questions difficiles ou délicates)
- des transitions sont ménagées sous forme de questions ou sous forme de texte

LES QUESTIONS

La formulation des questions et la présentation du document contribuent à rendre l'étude pertinente. Elles seront adaptées au mode d'administration.

- **Les questions fermées à réponse unique**

Ex. : Quel moyen de transport avez-vous utilisé ?

Voiture / train / car / avion

Avantages	Inconvénients
- Simplicité pour l'enquêté et le traitement	- Informations simples - Souvent biais (si une réponse oubliée)

87 Rédiger un questionnaire

• Les questions fermées à réponses multiples

Ex. : Quel type de ski pratiquez-vous ?
Alpin / fond / surf / mono / randonnée...

Avantages	Inconvénients
- Possibilité de plusieurs choix - Simple pour le traitement	Suggestion des réponses possibles

• Les questions fermées avec classement

Ex. : Classez par ordre décroissant les 3 principaux critères de choix de la station
Site / accueil / hébergement / restauration...

Avantages	Inconvénients
- Possibilité de plusieurs choix - Donne une information riche	- Classement difficile au-delà de 5/6 critères - Le choix des items ne correspond pas toujours à l'individu

• Les questions à échelle

Ex. :

- Echelle de Likert

Etes-vous très satisfait/Satisfait/déçu/ très déçu...

- Echelle d'Osgood (Sémantique différentielle)

Comment avez-vous trouvé l'accueil ?

froid |-|-|-|-|-|-|-| chaleureux
1 2 3 4 5 6 7

Avantages	Inconvénients
- Mesure des attitudes - Permet des calculs	- Construction de l'échelle - Choix du bon type d'échelle difficile - Les résultats restent souvent dans la moyenne

Rédiger un questionnaire 87

• Les questions ouvertes
Ex. : Quelles difficultés avez-vous rencontré ?

Avantages	Inconvénients
- Utiles en phase préparatoire - Réponses spontanées/réponses approfondies	- Beaucoup de non réponses - Réponses superficielles - Difficultés de codification

LA PRÉSENTATION MATÉRIELLE

Le questionnaire doit être :
• maniable : format, poids, emplacement des agrafes...
• facile à lire : aéré, questions numérotées
• facile à remplir : prévoir
  - une place suffisante pour les réponses,
  - un cadre blanc pour les questions ouvertes plutôt que des pointillés
  - des cases à droite de préférence pour le traitement
• agréable à l'oeil
• facile à dépouiller
• prévoir en toute occasion la possibilité d'absence de réponse
• les items «ne sait pas» «sans opinion» ou «refus de répondre» doivent parfois être prévus, il faut en user à bon escient

Si le questionnaire n'est pas administré par un enquêteur, des soins encore plus attentifs seront apportés.

LE TEST

Il faut vérifier si :
• les termes utilisés sont facilement compréhensibles
• l'ordre des questions ne provoque pas de réactions ou de déformations
• la forme des questions permet d'obtenir les réponses souhaitées
• la longueur est satisfaisante
• la nécessité de démultiplier les questions et d'introduire des redondances
• la qualité des textes d'introduction et de liaison est bonne.

Le test est effectué sur une dizaine de personnes et permet d'établir le questionnaire définitif.

88 Administrer un questionnaire

Les objectifs de l'étude de marché fixés et l'échantillon de population déterminé, il faut s'interroger sur le moyen le plus efficace et le plus adapté d'atteindre ces objectifs.
La collecte de l'information peut être réalisée de différentes façons : dans la rue, dans un magasin, à domicile, par correspondance, par téléphone ou Minitel.

MODE	AVANTAGES	INCONVENIENTS
Dans la rue, sur le lieu de vente	- coût faible - recueil d'impressions à chaud - grand nombre de personnes possible - rapidité - spontanéïté	- abords des enquêtés difficile (personnes âgées) - questionnaire court (5 minutes maximum) - questions claires/précises nécessaires - représentativité de l'échantillon douteuse - biais dus aux enquêteurs
A domicile ou sur le lieu de travail	- peu de modification de l'échantillon choisi - possibilité de questionnaire long - questions complexes possibles - apport de précisions par l'enquêteur en cours d'interview - commentaires de l'enquêté peuvent être notés	- nécessité d'enquêteurs compétents - accueil parfois difficile - biais dus à la présence de l'enquêteur - coût élevé - délais importants
Téléphone	- obtention rapide des réponses - moins coûteux qu'enquête à domicile - dispersion géographique facilitée - taux de réponse plus élevé que par correspondance - anonymat préservé - permet de toucher des personnes difficiles à contacter autrement (dentiste...)	- enquête courte (maximum10 mn) - nécessité de téléenquêteurs formés - taux de réponse variable

Administrer un questionnaire 88

MODE	AVANTAGES	INCONVENIENTS
Internet	- coût faible - dispersion géographique - délais de réponse réduits - intégration possible d'éléments audios ou vidéos - automatisation totale	- représentativité discutable (ordinateur + connexion internet) - taux de retour variable - problème de la langue pour une compréhension internationale
Correspondance	- moins coûteux qu'enquête à domicile - dispersion géographique facilitée - représentativité de l'échantillon - longueur du questionnaire - questions complexes possibles - liberté de réponse - enquêté remplit à son rythme	- nécessite un fichier et un courrier d'accompagnement - lisibilité et clarté du questionnaire importantes - taux de réponse < 5% - biais dus au taux de «non réponses» élevé - soulever l'intérêt pour les réponses (lettre, relance...) - manque de flexibilité

Comment administrer le questionnaire ?
Il faut prévoir la formation des enquêteurs. Vous organiserez :

Une réunion générale d'information
pour expliquer :
- les buts de l'enquête, hypothèses de travail, cadre...
- la méthode de sondage
- le mode d'administration
- les consignes particulières
- les grandes lignes d'exploitation ultérieure
- le mode de leur rémunération éventuelle

Des séances d'entraînement
Les documents indispensables sont :
- questionnaires
- feuilles de route
- relevé de frais
- cartes...

Ne négligez pas l'organisation matérielle (planning précis : jours / heures / durée / lieu) et le contrôle d'un travail sérieux effectué par vos enquêteurs.

89 Réaliser une étude de satisfaction

Le contrôle de la qualité des produits est devenu une démarche habituelle des entreprises. Mais la qualité du produit n'est plus le seul critère de choix pour le client. Prix et service sont des éléments à prendre en compte pour se différencier de la concurrence. La mesure de la qualité du service par la satisfaction du client se développe actuellement.

1. Définir les besoins

Cette phase est primordiale car elle détermine la suite de l'étude. Les questions à se poser sont alors :

Quelle qualité dois-je mesurer ?

- les relations avec le personnel de l'entreprise,
- les produits,
- les SAV,
- l'accueil.

Auprès de qui ?

- l'ensemble des clients,
- les clients d'une période précise (tourisme par exemple) ou d'un produit spécifique (nouveau produit)

La réponse à ces questions définira l'objet de l'étude (= satisfaction de la relation dans son ensemble ou sur un point particulier) et la méthodologie de réalisation de l'étude.

2. Réaliser une étude qualitative

Son objectif est de définir les principales attentes des clients afin de les hiérarchiser. Cette phase exploratoire est réalisée par entretien auprès de quelques groupes de clients.

3. Construire le questionnaire

Grâce à l'étude qualitative, vous aurez défini le cadre général. Le questionnaire doit ensuite être organisé selon la logique du client, en regroupant les questions par thème et en général de façon chronologique dans sa relation avec l'entreprise. Vous choisissez des questions fermées pour faciliter le traitement des questionnaires et vous utiliserez des échelles d'évaluation plus efficaces pour obtenir une réponse de l'interviewé.

4. Administrer le questionnaire

Pour être satisfaisante, votre étude doit être réalisée auprès d'un échantillon représentatif de la clientèle. De la fiabilité de la base de données clients dépendra la validité des résultats. Dans la première étape, vous aurez défini le mode d'administration. Ainsi, pour une enquête par téléphone ou sur le lieu de vente, une quinzaine de questions seront un maximum. Par contre, si vous avez choisi une enquête par correspondance ou chez l'interviewé, vous pouvez poser jusqu'à une centaine de questions.

Cette phase sera reproduite régulièrement pour permettre une analyse suivie du

Réaliser une étude de satisfaction

89

baromètre et des résultats des actions entreprises.

5. Analyser et contruire un mapping

Dans tout baromètre de satisfaction, c'est l'analyse des taux de non satisfaction qui est intéressant pour progresser.
Ensuite, pour tirer des conclusions, vous devez pondérer les résultats de chacune des attentes en fonction du degré d'importance pour le client.
Chaque réponse obtient par ailleurs une note (par exemple 1 point pour pas satisfaisant ; 2 pour peu satisfaisant ; 3 pour assez satisfaisant et 4 pour très satisfaisant).
Vous calculez ensuite la moyenne pour chaque critère (2,5 = la moyenne).
Le mapping présente les 2 axes : importance et satisfaction.

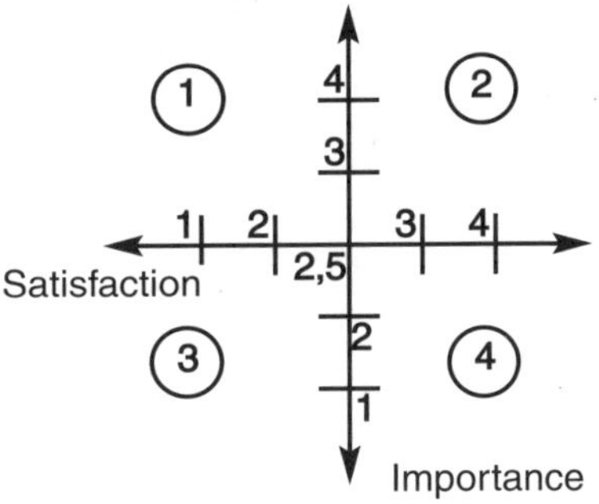

6. Diffuser le baromètre

Le baromètre de satisfaction est un outil de mobilisation des employés autour de l'amélioration de la qualité du service. Les principaux résultats doivent donc être communiqués à l'ensemble du personnel et en particulier à ceux en relation directe avec les clients.

QUADRANT	ANALYSE	ACTIONS
1	des critères importants pour lesquels la satisfaction n'est pas bonne	points faibles à revoir d'urgence
2	des critères importants avec un bon taux de satisfaction	points forts sur lesquels votre argumentation doit reposer
3	des critères peu importants pour lesquels le taux de satisfaction n'est pas bon	points faibles secondaires à travailler après amélioration des critères du quadrant 1
4	bon taux de satisfaction pour des critères peu importants	des points forts non indispensables

90 Réaliser une étude d'image

Depuis peu, les entreprises et autres organismes s'intéressent à leur ***image****, c'est à dire à l'ensemble des représentations à la fois affectives et rationnelles associées par un individu à un nom, une entreprise, une marque, un produit ou une idée.*
L'étude d'image est donc indispensable à toute entreprise qui communique pour faire connaître ses produits ou services et souhaite donner une certaine image au public.
Par la suite, nous évoquerons l'image de marque, mais un travail similaire peut être réalisé avec un produit ou une idée.

La mesure de l'image est importante, elle permet :
• de faire un bilan de l'image de marque : forces et faiblesses
• de la situer par rapport à la concurrence : **positionnement**
• de mesurer l'évolution dans une perspective de repositionnement (rajeunissement par exemple).

1. Faire un repérage qualitatif

La mesure doit porter sur l'image interne comme sur l'image externe de l'unité commerciale.
L'objectif est de définir les différentes composantes de l'image. Cette phase permet de déterminer les forces et faiblesses de l'unité commerciale et de la concurrence.
La recherche est réalisée en groupe par des méthodes qualitatives et associatives.

2. Réaliser une étude quantitative au baromètre

L'objectif de cette deuxième phase est d'évaluer les différentes composantes.
Vous réaliserez une enquête par questionnaire auprès des différents publics.
Les questions à échelle sémantique différentielle d'Osgood sont nécessaires.

Etude externe : elle est réalisée auprès des clients, fournisseurs, consommateurs, syndicats, financiers...
Le questionnaire comporte 10 à 20 questions sur :
• la notoriété spontanée : quelle enseigne connaissez-vous ?
• la notoriété assistée : parmi ces enseignes, lesquelles connaissez-vous (les marques sont citées oralement ou présentées sur un document).
• les caractéristiques attribuées à l'enseigne
• les concepts ou symboles associés à l'enseigne
• l'attitude de l'interviewé face à l'enseigne et à la concurrence...
Pour permettre cette étude, les informations qualitatives définies dans la première étape sont reprises sous formes

d'échelles pour permettre de les quantifier.

L'étude externe est réalisée tous les 12 à 18 mois sur 200 à 500 questionnaires.

Etude interne : elle est réalisée auprès des salariés et du personnel d'encadrement.
Le questionnaire porte sur :
- les moyens de communication interne
- l'opinion du personnel sur l'unité commerciale, la marque, le produit, le projet...
- le climat....

Les points clés :
- bien choisir le moment : éviter les phases de négociation
- informer les salariés et les syndicats
- associer la hiérarchie pour la sécuriser, enrichir le questionnaire et favoriser ensuite l'application des décisions ultérieures
- répéter l'étude régulièrement (tous les 2 ans)
- communiquer les résultats (information...)
- organiser le suivi

Cette mesure quantitative est faite régulièrement mais pas trop fréquemment car la modification est lente.

Les mêmes grilles et questionnaires doivent être utilisés à chaque mesure pour permettre une étude des variations et montrer l'évolution.

3. Dresser un profil d'image

Il convient de construire un baromètre d'image. Plusieurs représentations graphiques sont possibles (voir ci-dessous).

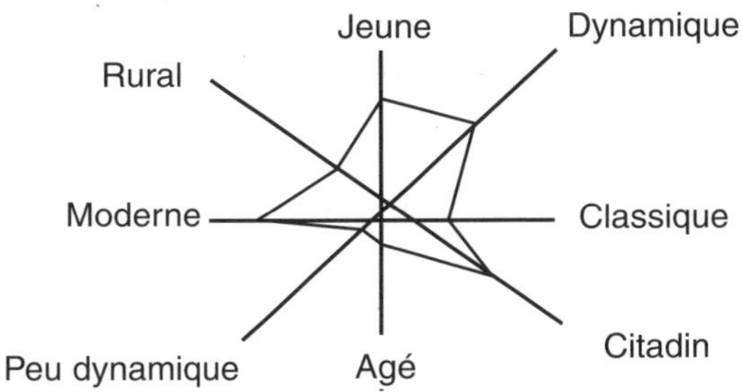

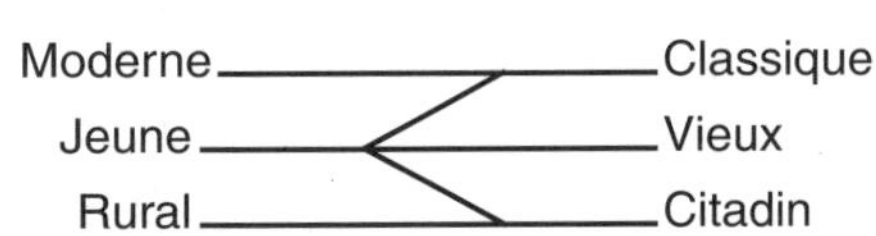

Ces trois phases permettent d'établir un bilan et de déterminer les tendances. Des actions peuvent ensuite être menées pour faire évoluer l'image.

91 Réaliser une étude de notoriété

La notoriété d'une marque ou d'une unité commerciale est le fait d'être connu d'une manière certaine.
Sa connaissance constitue un élément essentiel au développement de la politique marketing et de communication.

1. Définir les objectifs

La mesure du degré de connaissance d'une entreprise ou d'une marque par son marché permet de :
- maîtriser et mieux comprendre sa position par rapport à la concurrence,
- orienter sa politique de communication et d'image,
- fournir aux commerciaux des éléments pour améliorer leurs argumentaires.

L'évaluation de la notoriété peut porter sur le nom de la société, la marque, le produit ou service, le logo...

2. Mesurer la notoriété

Dans un premier temps, vous déterminerez votre cible d'échantillonnage : clients actuels, prospects, grand public...
La mesure de la notoriété est réalisée à l'aide d'un questionnaire administré auprès de 200 à 500 personnes. Il comporte 2 notions essentielles :

LA NOTORIÉTÉ SPONTANÉE

On cherche à mesurer la connaissance de la marque, du produit, de l'entreprise de façon spontanée. La question reste ouverte :
Quels produits connaissez-vous ?

Le pourcentage de réponses des personnes capables de citer spontanément le nom de l'enseigne donne le taux de notoriété spontanée.
Parfois, il est nécessaire d'identifier la première marque citée par le consommateur. Vous devrez alors prévoir ce classement pour obtenir le TOP OF MIND. Cette mesure sera d'autant plus importante que toutes les enseignes du secteur sont fortes et ont des taux de notoriété élevés, elle permet alors d'effectuer un classement.

Réaliser une étude de notoriété 91

LA NOTORIÉTÉ ASSISTÉE

On mesure alors la connaissance de la marque, du produit ou de l'unité commerciale en citant le nom :
Parmi les produits suivants, lesquels connaissez-vous ?

L'interview est facilitée par la présentation d'un document sur lequel sont répertoriés tous les noms y compris ceux de la concurrence.

Le pourcentage de réponses des personnes qui connaissent l'enseigne constitue le taux de notoriété assistée.

3. Réaliser un baromètre de notoriété

Cette étude permet de construire un baromètre de notoriété. Il est souhaitable de suivre son évolution tout comme pour l'image. Cette mesure est effectuée une fois par an par exemple. Toutefois, si l'unité commerciale envisage une campagne de communication pour améliorer sa notoriété, il convient alors de réaliser une étude avant l'opération et de mesurer les effets de la publicité dans la semaine suivant la campagne. Lors de l'analyse des résultats, vous devrez aussi prendre en compte les actions réalisées par la concurrence qui se sont déroulées dans la même période faute de tirer des conclusions hâtives.

92 Déterminer une zone de chalandise

La zone de chalandise est définie par l'aire géographique sur laquelle l'UC recrute ses clients. L'étude de zone de chalandise poursuit 2 objectifs :
- vérifier avant implantation le potentiel économique de la zone pour évaluer la rentabilité d'un point de vente éventuel,
- connaître la clientèle de la zone pour adapter l'offre.

1. Connaître les facteurs d'influence

La zone de chalandise dépend de différents facteurs :
- le type de point de vente (spécialisé ou généraliste, petite taille ou grande surface...)
- l'implantation géographique (accessibilité, parking, barrières naturelles...)
- la stratégie de l'UC qui propose une offre commerciale plus ou moins attractive (produits, service, quantité, prix, communication...)
- le consommateur et son comportement d'achat (recherche de prix les plus bas, proximité service...)

2. Définir la taille de la zone de chalandise

On décompose la zone de chalandise en 3 parties :

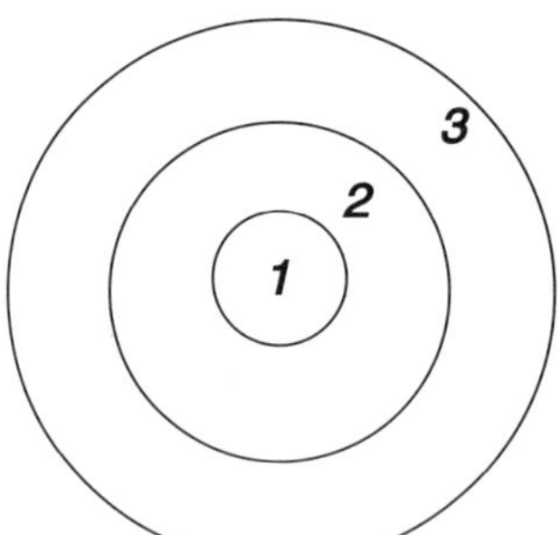

1. la zone primaire comprend 60 à 80% de la clientèle de l'UC
2. la zone secondaire contient 15 à 25% des clients
3. la zone limitrophe sur laquelle se répartissent les clients restants

Déterminer une zone de chalandise

92

Dans un magasin existant, plusieurs méthodes s'appuient sur un repérage géographique de la clientèle :
- exploitation des adresses figurant sur les chèques, les bons de livraison, les bulletins jeu...
- enquête sur le point de vente (voir les fiches n°84 à 88)

Les adresses collectées sont ensuite portées sur une carte géographique détaillée afin de délimiter les différentes zones.

Avant l'ouverture, la définition est plus difficile et peut s'appuyer sur les études existantes ou sur une enquête.
Les zones concentriques sont définies en fonction de la distance au point de vente mesurée soit en mètre, soit en unité de temps. Le chronométrage se fait à partir d'un véhicule roulant à vitesse moyenne, dans les conditions de fluidité de trafic les plus courantes.

Rayon maximal de la zone d'attraction

Petit magasin alimentaire	Environ 300 m
Supérette (- de 400 m^2)	Environ 500 m
Supermarché moyen (1500 m^2)	Environ 1 km (5 à 8 minutes)
Hypermarché (6000 m^2)	15 à 20 minutes

Les entreprises spécialisées dans la distribution disposent de source d'étude spécifique pour évaluer toute nouvelle implantation.

93 Evaluer le potentiel économique de la zone

La zone de chalandise déterminée, il reste à évaluer son potentiel.

1. Calculer le nombre de ménages

Grâce aux informations fournies par des organismes officiels tels que les mairies, la poste, l'INSEE, la documentation française, il est relativement simple de déterminer le nombre de ménages de la zone. Il est plus difficile d'en prévoir l'évolution en fonction du taux d'accroissement, des habitations en construction, des orientations d'aménagement et d'urbanisme (ZUP, ZAD...).

2. Etudier les dépenses des ménages sur la zone

L'objectif est de déterminer le montant des dépenses réalisées par les ménages sur la zone concernée. Une évaluation des revenus est faite à partir des tableaux statistiques de l'INSEE et des ressources moyennes de chaque PCS. Puis, à l'aide de coefficients budgétaires publiés par l'INSEE, on réalise une estimation des dépenses dans telle catégorie de produits ou de services.
Certains organismes tels le CECOD (Centre d'Etudes du Commerce et de la Distribution) ou l'institut PROSCOP fournissent des indices de consommation selon les régions (indice de richesse, indice de disparité de la consommation). Ces indices sont appliqués aux dépenses moyennes de consommation par habitant.

3. Estimer la concurrence

Cette étape est très importante car le potentiel économique de la zone est réparti entre les différentes UC.
Une étude de la concurrence fait apparaître les différents concurrents, stratégie, points forts et faibles et si possible leur chiffre d'affaires.
L'estimation du CA est souvent réalisée grâce aux informations fournies par les revues professionnelles (points de vente ou LSA) qui présentent des ratios moyens d'activité, CA/employé, CA/mètre carré...

4. Evaluer l'évasion

L'évasion est constituée des achats réalisés par les ménages de la zone à l'extérieur de la zone de chalandise. Elle varie aussi en fonction de l'attractivité des UC hors de la zone.

5. Déterminer le CA potentiel de l'UC

Compte tenu du potentiel économique de la zone, de la concurrence et de l'évasion, l'UC détermine la part de marché théorique qu'elle souhaite obtenir au détriment des concurrents. Pour réduire les risques, il est conseillé d'être prudent et de retenir des taux de pénétration différents selon les zones primaires, secondaires et limitrophes.

Rédiger un argumentaire 94

Vendre un produit ou un service, convaincre un manager du bien fondé de son projet... autant de situations qui nécessitent de construire un argumentaire. Vous présenterez ainsi une offre adaptée à votre interlocuteur.

1. Définir les objectifs

- préparer le travail d'argumentation
- préparer la réponse aux objections éventuelles

2. Rédiger

- recenser dans un tableau l'ensemble des arguments généraux ou spécifiques
- transformer chaque caractéristique en avantage pour le client

CARACTERISTIQUES + AVANTAGE + PREUVE = AVANTAGE PERSONNALISE

L'avantage est personnalisé en fonction du client et de ses motivations (SONCAS).

Caractéristiques	Avantages	Preuves
Le marché - situation **L'entreprise** - politique commerciale - image de marque et notoriété - structure - position concurrentielle - investissements - relations publiques... **Les produits ou services** - historique (invention, date...) - composition (matières,origine, critères de sélection...) - procédé de fabrication (savoir-faire, contrôles...) - caractéristiques techniques (poids, dimension, couleur...) - utilisation, entretien - conditionnement (matériau, procédé...) - gamme (étendue) - prix (marge, conditions spéciales, conditions de paiement...) - services (livraison, garantie, SAV...)	- performances - solidité - commodité - simplicité - rapidité - fiabilité, sécurité - rapport qualité/prix - exclusivité - nouveauté - rentabilité - efficacité ...	- démonstration - brevet - normes - homologation - tests - statistiques - articles de presse - références diverses - prix, récompenses - plans, graphiques - documentations technique, commerciale - photos...

94 Rédiger un argumentaire

3. Connaître la typologie SONCAS

La découverte de la psychologie du client est facilitée par la méthode SONCAS.

Sécurité	maintien de l'intégrité, recherche de la protection
Orgueil	exigence, estime de soi, recherche de l'estime des autres, besoin de dominer
Nouveauté	anticonformisme, recherche de la nouveauté
Confort	commodité, confort
Argent	avidité, domination
Sympathie	expression de soi, altruisme, besoin d'appartenance

94 Rédiger un argumentaire

	Définition	Vocabulaire d'identification	Attitude vendeur
Sécurité	• volonté de rechercher la sécurité peur de la nouveauté	• je crains • je ne pense pas que dans le temps...	• Donner confiance, rassurer (qualité...) : je suis certain ancienneté, notoriété, expérience, tradition, classique • Proposer un produit qui a fait ses preuves
Orgueil	• Etre le premier • Etre puissant • Dominer, paraître, se distinguer	• MOI, je	• Ecouter, Flatter • Utiliser des superlatifs • Parler rareté du produit, priorité accordée... • Client privilégié
Nouveauté	• Goût de l'inconnu, du risque • Volonté d'être moderne • Volonté de proposer des nouveautés	Moderne, aventure, changement, nouveautés, innovations, avant-garde, mode, progrès, futur, avenir, original, inédit	• Proposer des nouveaux produits, nouvelles qualités... • Proposer des améliorations • Inciter la curiosité
Confort	• Volonté de simplifier les problèmes • Réduire les difficultés • Rechercher le confort	Tranquille, calme, détente, habitude, facile, sans problème, sans souci	• Proposer un produit qui a fait ses preuves, un produit de qualité • Proposer assistance, garantie, service...
Argent	• Gagner de l'argent, agir en fonction de son intérêt, faire des économies...	avantage, rentabilité, économie, affaire, occasion, profit	• Parler rapport qualité/prix, proposer produit rentable, qui rapporte de l'argent
Sympathie	• Volonté de faire plaisir, de rendre heureux, d'être social, confiance naturelle vis à vis d'autrui	Les autres, les gens, social, bénévole, cadeau	• Conseiller, traiter le client avec sympathie et naturel, adopter une attitude détendue, lui donner des arguments pour ses clients

95 Accueillir un client

Accueillir c'est vendre. Soigner sa présentation, adopter une attitude enthousiaste, se présenter sous son meilleur jour, c'est se donner les meilleurs atouts pour convaincre son client que l'on est le plus intéressant. On accueille par ses locaux dans son point de vente ou son entreprise, par son personnel et au téléphone. Quelques conseils simples pour penser à son client et le mettre en confiance.

1. Accueillir par ses locaux

- faciliter l'accès, la signalétique
- avoir des locaux attractifs, qui donnent une bonne image de l'entreprise et soit une publicité grandeur nature.
- organiser les locaux afin de les rendre fonctionnels pour les salariés et les clients
- chaque personne de l'entreprise doit être présentable, dans une tenue propre et respectueuse du client
- ranger les locaux et éviter que trop de cartons, matériels... ne traînent et encombrent couloirs et bureaux
- des locaux propres et nettoyés sont un indice de qualité et de respect pour le client.

2. Accueillir dans une entreprise

- signaler l'accès à l'entreprise, prévoir un véritable accueil dès la porte
- confort, délais d'attente minimaux
- proposer thé, café...
- prévenir au plus tôt la personne visitée
- intégrer l'accueil dans un show room produit, technique
- en rendez-vous, penser à interrompre le téléphone

3. Accueillir pour vendre

- Traduire l'accueil par son attitude :
  - laisser la porte ouverte
  - éviter les obstacles (marche...)
  - donner priorité aux clients (arrêter ses conversations internes)

Accueillir un client 95

- Montrer réellement au client qu'on le reçoit :
  - saluer
  - rendre l'éventuelle attente sympathique (café...)
  - identifier le client s'il est connu
  - Adopter une attitude souriante, aimable et disponible
- écouter son client
- faire preuve d'empathie (capacité à s'adapter à son visiteur)
- argumenter sur les avantages du client

4. Accueillir au téléphone

- préciser qui gère l'accueil téléphonique
- ne pas excéder 3 sonneries de téléphone avant de répondre
- identifier les appels et les orienter
- sourire et garder calme et patience
- prendre note des appels non aboutis et en rendre compte à leurs destinataires au plus tôt : aucun appel ne doit être perdu
- éviter :
  - d'être en permanence sorti (ligne occupée)
  - de prolonger les attentes (il faut proposer de rappeler)
  - de donner priorité au téléphone sur les visiteurs

96 Découvrir le besoin

La méthode SONCAS classe les motivations et les freins psychologiques en 6 catégories. Avant toute argumentation, le vendeur doit découvrir la ou les tendances de son client, par des questions, l'écoute et l'observation. Il pourra ensuite le guider vers l'achat de son produit par des arguments personnalisés.

Cette découverte du client est la phase la plus importante. Le vendeur sera à l'écoute du client (observation et écoute active). Il lui posera des questions (cf. tableau 1) et il reformulera (cf. tableau 2). Grâce à cette phase, vous recherchez des informations sur votre client.
Cette étape de la négociation nécessite la découverte du client, de ses besoins et motivations.
Différentes techniques sont utilisées :

SONCAS

Sécurité
Orgueil
Nouveauté
Confort
Argent
Sympathie

SABONE

Sécurité
Affectivité
Bien être
Orgueil
Nouveauté
Economie

PICASSO

Possession
Inertie
Conservation
Amour
Sécurité
Social
Orgueil

Tableau 1- Les questions

TYPES	REPONSE	UTILISATION
OUVERTE : «Quel type de matériel utilisez-vous?»	longue et explicative	accroche recherche des besoins
FERMEE : «Combien de photos par an?»	oui/non un chiffre, une précision	obtenir des précisions, confirmations
ALTERNATIVE : «Ne pensez-vous pas que ce matériel sature ?»	une réponse suggérée	provoquer un choix, une alternative

Découvrir le besoin 96

Tableau 2- La reformulation

TYPES	REPONSE	UTILISATION
ECHO	Reprise du ou des derniers mots «Je souhaite ouvrir un magasin» «...ouvrir un magasin ?»	Obtention de précisions Vérification de notre compréhension
RESUME	Faire le point pour clarifier «si j'ai bien compris, vous m'avez dit»	Résumé pour obtention de précisions
RECENTRAGE	Variante de la précédente «Nous évoquions, il y a un instant...»	Après interruption ou digressions
DEDUCTIVE	Déduire une suite logique «... et votre image se dégrade...»	Aide du client à expliquer ses pensées
SUGGESTION	Suggérer une solution possible «Si nous envisagions la solution suivante...»	Emission d'hypothèses favorables Test de l'accueil par le client

97 Répondre aux objections

L'argumentation peut s'appuyer sur une démonstration, mais aussi sur la réponse aux objections formulées par le client (cf. tableau 1).

Tableau 1- Les objections

TYPES	REPONSE	UTILISATION
PRETEXTE	Se débarrasser du vendeur «je vais réfléchir»	Reformuler et poser une question ouverte et dirigée
TEST	Vérifier compétence et sérieux du vendeur «Quelles sont les potentialités de ce moteur ?»	Argumenter et répondre «technique»
CACHEE	Ne peut être avouée mimique d'étonnement, nervosité...	Proposer une interprétation Rechercher l'objection réelle

Répondre aux objections 97

Dans tous les cas, écouter le client, rester calme et utiliser une des techniques suivantes.

Ex. : à l'objection «Ce produit est trop cher», on pourra répondre :

TECHNIQUE	REPONSE	UTILISATION
OUI MAIS	Accepter la remarque et reformuler avec d'autres arguments	Oui, je comprends votre préoccupation mais regardons la qualité
AFFAIBLISSEMENT	Reformuler l'objection en diminuant sa force	Le prix dépasse un peu ce que vous comptiez mettre dans cet achat
EFFRITEMENT	Faire justifier l'objection par le client	Trop cher par rapport à quoi ?
ECRAN	Contourner l'objection pour y répondre plus tard	Bien entendu, nous parlerons du prix, auparavant...
BOOMERANG	Redonner la parole au client avec sourire et humour	Que diriez-vous à ma place ?
COMPENSATION	Eliminer une objection mineure en argumentant sur des avantages importants	Ce produit est à la mode, il est demandé par nos clients
APPUI	S'appuyer sur l'objection pour enchaîner sur un argument	C'est justement mon rôle de vous informer des qualités et particularités de ce produit
ANTICIPATION	Devancer une objection (il faut être sûr qu'elle serait soulevée)	Vous allez sans doute me dire que...
TEMOIGNAGE	Appuyer la réponse en faisant intervenir d'autre personnes	Ce produit est aussi vendu par...
SILENCE	Ignorer l'objection (ne pas en abuser)	

98 Argumenter

Le vendeur a, lors de la phase précédente, créé un climat et découvert le besoin et la personnalité du client. L'argumentation consiste à mettre en valeur les avantages du produit proposé pour convaincre le client, dans un enchaînement structuré.

Chaque argument sera constitué de :

- une caractéristique : ce produit est en matière X
- un avantage : il est inusable (adapté au client en fonction de ses tendances et mobiles)
- une preuve : les tests réalisés le montrent
- une conséquence pour le client : la tenue au lavage est parfaite

Le vendeur dispose de l'argumentaire (voir fiche n°94) qu'il devra utiliser en l'adaptant à son client. Il faut dire au client ce qu'il a envie d'entendre.
L'argumentation doit permettre au vendeur de faire passer le client de l'acceptation du produit à l'acte d'achat.
Pour cela il peut utiliser la démarche suivante :

Notre produit		***Les autres produits***	
Avantages communs	Inconvénients communs	Avantages communs	Inconvénients communs
Avantages exclusifs	Inconvénients exclusifs	Avantages exclusifs	Inconvénients exclusifs
Préparez l'argumentaire		***Préparez les réponses aux objections***	

Le vendeur pourra utiliser une argumentation comparative en faisant avouer les inconvénients des autres produits éventuellement en possession du client potentiel et en s'appuyant sur les éléments distinctifs : avantages exclusifs de ses produits, inconvénients exclusifs des autres produits.

Argumenter 98

L'argumentation peut aussi s'appuyer sur une démonstration du produit. Cette démonstration permet :

- une mise en valeur des qualités du produit
- une aide à la compréhension pour le client
- une participation active du client
- une mise en situation de possession du client

LES CONSEILS

1- L'essai est adapté aux produits nouveaux, innovants, à forte complexité technologique ou culturel
2- La durée de l'essai varie en fontion du produit
3- Le prospect doit découvrir le produit pour en tester toutes les possibilités, éventuellement avec démonstration du vendeur lorsque le produit est complexe
4- Le prospect est contacté par courrier ou téléphone en fin d'essai pour concrétiser la vente

99 Conclure

Après argumentation, le vendeur doit conclure.

1. Présenter le prix

Le prix n'est pas abordé en début d'entretien, mais après une série d'arguments en le justifiant, avant la conclusion et sans insister.

TECHNIQUE	REPONSE	UTILISATION
ADDITION	Additionner des avantages pour montrer que le prix est justifié	Sans compter la livraison et l'installation comprises
SOUSTRACTION	Montrer au client ce qu'il perd s'il n'achète pas	La semaine prochaine, vous ne bénéficierez pas de réduction
DIVISION	Fractionner le prix pour le ramener à l'unité, à une dépense quotidienne...	Cela revient à 10 € par jour

2. Conclure

Il importe enfin au vendeur de conclure.

Il doit pour cela saisir le moment opportun c'est à dire quand :
• le client a enchaîné une succession de «OUI»
• il adopte une attitude de propriétaire
• il demande un avantage supplémentaire (remise...)
• il s'assure de certaines garanties (livraison, SAV...)
• il change d'attitude
• il fait intervenir une tierce personne (qu'en penses-tu ?)

TECHNIQUE	REPONSE	UTILISATION
ANTICIPATION	Anticiper la possession, montrer que le prix est justifié	Quand voulez-vous être livré ?
ALTERNATIVE	Proposer 2 solutions au client	Préférez vous régler par carte ou par chèque ?
STIMULATION	Evoquer un événement imminent	Hausse de tarif, disponibilité, fin de promotion...

3. Prendre congé

La dernière impression laissée au client doit être favorable :
• Etre clair, précis et concis
• Etre chaleureux, sympathique
• Rassurer le client : «Vous avez choisi un excellent produit»
• Encaisser
• Proposer un service annexe (paquet cadeau...)
• Saluer et sourire : «Au revoir Mme, Mr»

Faire de la téléprospection 100

Le téléphone est devenu un outil de vente car un contact téléphonique coûte dix fois moins en moyenne qu'une visite terrain. Son utilisation nécessite cependant une démarche très rigoureuse pour être efficace.
La téléprospection ou phoning ou télémarketing, ou marketing téléphonique consiste à utiliser le téléphone pour contacter un prospect ou un client.

1. Définir les objectifs

Plusieurs objectifs lui sont assignés :
• étudier : étude de marché ou mise à jour de fichier
• prospecter : après une action publicitaire ou un mailing, invitation à un événement ou suivi de prospects.
• vendre : en réception d'appel, enregistrement de commande, réassortiment, réactivation d'anciens clients...

2. Préparer

L'efficacité de la téléprospection repose sur une bonne préparation, c'est à dire :
• constituer un fichier, une base de données (voir fiche n°79),
• adresser un courrier personnalisé aux personnes ciblées 3 à 4 jours avant l'opération (voir fiche n°108),
• concevoir le plan d'appel à adopter,
• recruter et former les téléacteurs,
• constituer un planning d'appels.

Téléacteur : nom								
Prospect								
Nom entreprise	Nom pers. contactée	N° tél.	Appelé le	Contact	Rdv obtenu	Refus	Rappeller le	Observations

100 Faire de la téléprospection

3. Réaliser la téléprospection

Avant de débuter votre téléprospection, assurez-vous qu'elle se déroulera dans de bonnes conditions :

- préparer :
    - le matériel téléphonique,
    - la documentation sur le produit,
    - le courrier adressé,
    - la liste des personnes à appeler,
    - l'agenda pour noter les rendez-vous,
    - les fiches de contact

    (voir fiche ci-contre).

- définir les heures d'appel en fonction de la cible (Ex : les particuliers de 18h00 à 19h30),
- réaliser les appels en remplissant correctement les fiches de contact,
- remplir l'état récapitulatif.

Afin d'obtenir le rendez-vous, l'appel doit être minutieusement préparé à l'aide d'un guide prévu à cet effet :

- nom de la personne à contacter : le MAN (Moyen, Autorité, Nécessité)
- fonction, attributions, service de celle-ci
- plan de l'entretien
- objections éventuelles et réponses
- documents nécessaires (mailing, factures, fiche client...)

Fiche de téléprospection
Nom du téléacteur — Date appel Heure appel
Nom entreprise contactée Adresse Tel : — Fax : Activité : — Taille entreprise :
Nom personne contactée Fonction Poste tel Nom décideur
Observations
Suite à donner Rendez-vous le à A confirmer oui ❑ non ❑ A recontacter le Envoyer une documentation oui ❑ non ❑

4. Evaluer

Toute opération de téléprospection donnera lieu à une évaluation des contacts ou des rendez-vous obtenus. Ils seront quantifiés grâce aux ratios suivants :

$$\frac{\text{Nb adresses appelées}}{\text{Nb adresses qualifiées}} \qquad \frac{\text{utiles}}{\text{Nb adresses qualifiées}}$$

$$\frac{\text{Nb rendez-vous pris}}{\text{Nb contacts utiles}} \qquad \frac{\text{Nb refus}}{\text{Nb contacts utiles}}$$

Ces ratios permettent une comparaison entre des opérations successives ou similaires sur des cibles ou des zones géographiques différentes.

101 Gérer les réclamations

La réclamation client est une raison pour le commercial de faire mieux. La prise en compte de la réclamation est importante, elle prouve l'intérêt de l'entreprise pour ses clients. La réclamation est aussi une affaire de prévention. Prévenir par des objectifs de qualité et des procédures sans faille.
On peut imaginer une démarche en 6 phases pour traiter et gérer les réclamations.

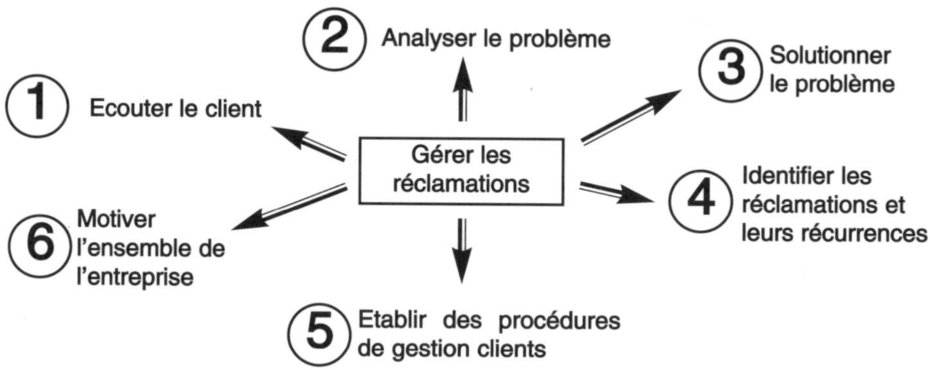

1. Ecouter le client

L'écoute du client est une phase importante pour éviter un conflit à venir.
- Qui ? Quoi ? (le problème) avec qui ? (le contact interne du client).
- Prendre note et préciser que rapidement l'entreprise reprendra contact avec le client.
- Garder le sourire et laisser le client s'exprimer même s'il n'est pas content.
- Dans cette première phase, il est inutile d'argumenter (absence de l'ensemble des données du problème).

2. Analyser le problème

En interne, avec les services concernés il faut dans la seconde phase trouver le quoi ? et le pourquoi ?
- Défaillances, erreurs.
- Mauvaise foi.
- Prestations extérieures défaillantes.

Ensuite, trouver une solution avec le service commercial.

3. Solutionner le problème

Prendre rapidement contact afin de proposer au client une solution qui résolve son problème.

- Solutions
- Excuses
- Gestes commercial

} **En cas d'erreur manifeste de l'entreprise**

Un problème épineux peut survenir avec un client de mauvaise foi. Jusqu'à quel point le client ira-t-il dans cette voie ? L'entreprise et ses commerciaux doivent ici faire preuve de fermeté. Un mauvais client fait perdre un temps précieux.

4. Identifier

Des causes de réclamations et des réclamations elles-mêmes peuvent être récurrentes.

Identifier les réclamations → **CAUSES** → **RECURRENCES**

Pourquoi ?

En aucun cas, il ne faut se voiler la face. Il est important d'écouter les réclamations, de les résoudre et de solutionner les causes.

→ **Solutionner les problèmes**

En réclamant, le client peut aider l'entreprise

5. Mettre en place des procédures

La mise en place de procédures de traitement des clients type ISO peut prévenir les réclamations.
- Codification : j'écris, je fais, je gère.
- Mesurer souvent la satisfaction : faire parler les clients, surtout ceux qui n'ont pas pour habitude de le faire.

6. Motiver

Motiver l'ensemble de l'entreprise autour des clients.

102 Construire un assortiment

Toute UC définit stratégiquement son positionnement par l'offre des produits et services qu'elle choisit de proposer à sa clientèle.

1. Définir le portefeuille de produits et services

Une étude du marché, de la zone de chalandise et de la concurrence sont des préalables à toute décision.
Ces études permettent de préciser :
- les attentes de la clientèle satisfaites ou non
- le positionnement de la concurrence

Le diagnostic réalisé permet de construire une offre adaptée à la demande en terme de produits et services.

2. Déterminer la taille de l'assortiment

La taille de l'assortiment est mesurée par sa profondeur et sa largeur.

largeur / Profondeur	Réduite	Importante
Réduite	Un nombre réduit d'articles sélectionnés dans un nombre de famille réduit. Ex : hard discount.	Un nombre important d'articles pour des familles de produits les plus courants. Ex : supermarché.
Importante	C'est l'assortiment d'un magasin spécialisé : un choix d'articles important dans un domaine réduit. Ex : FNAC, magasin de vêtements pour enfants.	Un grand nombre de produits à l'intérieur de chaque famille. Ex : hypermarché, La Redoute.

Construire un assortiment 102

3. Composer l'assortiment

L'assortiment est donc composé de familles et d'un certain nombre de références à l'intérieur de chaque famille.
La définition du nombre de familles et de références varie avec la stratégie de l'UC, et le linéaire disponible.
Le choix des familles et références vise à obtenir une bonne rentabilité de l'UC et donc à équilibrer l'assortiment de produits en fonction de leur marge, rotation, volume, notoriété, image.

Produits d'appel

Les produits qui sont incontournables par leur notoriété, leur satisfaction du besoin…

Produits régulateurs

Les produits qui apportent un CA régulier

Produits complémentaires

Les produits recherchés par la clientèle pour leur complémentarité

Produits d'avenir

Les produits qui tirent le marché

Produits d'image

Les produits qui valorisent l'UC

103 Agencer la surface de vente

L'agencement de la surface de vente vise à valoriser l'offre et à développer l'achat des clients dans le respect de certaines contraintes légales ou professionnelles.

1. Maîtriser les contraintes

La réglementation en matière de sécurité impose une bonne connaissance des risques d'accident corporels et matériels et une bonne utilisation des espaces : voie pompier, issue de secours, matériel d'exposition fiable, respect des règles de stockage… Les règles d'hygiène nécessitent l'implantation de rayons à proximité des laboratoires.
De plus, la nécessité d'approvisionner certains rayons plus fréquemment, crée des contraintes logistiques (proximité des réserves). Par ailleurs, les enseignes préconisent souvent une implantation identique dans tout le réseau.

2. Créer un environnement favorable

C'est le **marchandisage de séduction** qui repose sur les 5 sens.

Vue
L'éclairage, le sol, les couleurs, l'immobilier, les formes, la décoration créent l'ambiance

Toucher
Les matériaux utilisés, les documents distribués concourent à l'image que donne l'UC (espace de tests par exemple)

Odorat
Des odeurs agréables et discrètes sont à privilégier sans identité olfactive spécifique

Ouïe
Le choix des musiques concourt à l'image donnée mais aussi influence les flux de circulation

Goût
Les dégustations sont créatrices d'achat impulsif ou permettent de faire patienter le client

Agencer la surface de vente 103

3. Organiser l'espace

C'est le **marchandisage d'organisation** : plan de circulation, univers, accueil…

La vitrine	Attractive, elle incite le chaland à entrer
Les univers	La répartition des zones chaudes (très fréquentées par les clients) et des zones froides (peu fréquentées) est organisée pour inciter le client à parcourir l'ensemble de l'UC et ainsi favoriser les achats impulsifs.
Les réserves	Indispensables pour les stocks, elles nécessitent aussi une bonne organisation
L'accueil	C'est le lieu qui facilite la relation commerciale. La formation du personnel est indispensable pour répondre aux questions des clients.
Les allées	Leur taille varie avec la taille de l'UC. Elles sont plus larges à l'entrée, prédisposent le sens de circulation et facilitent l'accès aux différents rayons.
La signalétique	Elle facilite l'orientation des clients à l'intérieur et à l'extérieur de l'UC. Elle est constituée par des pictogrammes, mots, plans d'orientation…

104 Mettre en valeur les produits

La vente en libre-service repose sur une absence d'intervention humaine dans la relation commerciale : le consommateur choisit son produit sans assistance. L'UC a donc pour objectif de mettre en valeur ses produits pour inciter à l'achat. C'est le ***marchandisage de séduction.***

1. Choisir le mobilier

L'implantation des rayons dans l'UC impose des contraintes sur la disposition des linéaires (voir fiche n°103) pour fluidifier la circulation, limiter la manutention. De même, certains produits nécessitent du mobilier spécifique (ex : produits frais).

Gondole	Les gondoles sont des meubles verticaux qui permettent de stocker les produits sur des rayons
Vrac	Les produits sont entassés dans des bacs, panières (promotion, soldes…)
Bac/armoire	Le meuble est horizontal et propose des produits frais (boucherie, surgelés…).
Palette	La palette permet de disposer de produits lourds ou encombrants (lait, eau…) sans les mettre sur un rayon. Cette présentation est très utilisée dans le hard discount.
Portants	Cette présentation est adaptée aux produits textiles.

Le choix du matériau (bois, verre par exemple) contribue à l'image de l'UC.

2. Connaître les grands principes d'implantation

Les performances de vente des produits varient selon leur place dans le linéaire.

horizontalement *sens de circulation* →

30 %	37 %	33 %

104 Mettre en valeur les produits

On place donc au début du linéaire les produits à forte notoriété, en promotion ; au centre, les produits d'impulsion et à la fin, les produits complémentaires ou produits de base.

Verticalement

niveaux	
Chapeau	L'accès est difficile. On y place les stocks.
Yeux	C'est le niveau le plus vendeur.
mains	Ce niveau correspond à la prise en mains. On place les produits à forte demande et forte marge.
sol	A ce niveau sont disposés en rayon ou sur palette les produits lourds, encombrants, produits d'appel ou utilitaires.

3. Utiliser les différents effets pour séduire

L'animation des linéaires est réalisée grâce à différentes techniques.

Effet de masse	Il consiste à disposer une grande quantité de produits pour créer une impression forte, une surprise. Ex : pyramide, tête de gondole.
Effet d'isolement	L'objectif est alors de mettre en avant un produit (saisonnier, régional…) sur un meuble spécifique ou lors d'une animation
Univers	L'objectif est de créer une ambiance (marché aux fruits et légumes, chaleur ou rayon textile…) et de réunir des produits complémentaires (ex : petit déjeuner, enfance)
Mise en scène	La mise en scène permet de valoriser les produits comme à la maison : présentation d'une table avec nappes, couverts et accessoires
Effet calme	C'est la zone la plus calme qui est consacrée aux achats réfléchis

105 Etudier le rayon

*Le marchandisage a pour objectif d'améliorer la rentabilité de l'UC. C'est le **marchandisage de gestion** qui vise à contrôler les résultats financiers et commerciaux.*

1. Rechercher l'attractivité d'un rayon

Cette étude repose sur une analyse de flux. Elle consiste à suivre le déplacement des clients de l'UC physiquement ou grâce à des caméras. Elle donne lieu ensuite au calcul d'indices.

INDICE	DEFINITIONS
Indice de passage dans le rayon	Nombre de clients passés dans le rayon / Nombre de clients entrés dans l'UC
Indice d'attention	Nombre d'arrêts devant un produit ou une famille / Nombre de clients passés dans le rayon
Indice de manipulation	Nombre de prises en main du produit / Nombre d'arrêts
Indice d'achat	Nombre d'achats / Nombre de clients ayant acheté dans l'UC

2. Etudier la rentabilité

Les statistiques internes permettent de comparer les rayons de l'UC entre eux et dans le temps. Différents indicateurs sont utilisés.

Etudier le rayon 105

CA ou Chiffre d'Affaires	L'étude de l'évolution du CA d'un rayon, d'une famille, d'un produit, est importante
Panier moyen	C'est le montant moyen des achats d'un client $\frac{\text{CA}}{\text{Nombre de passages en caisse}}$
Rendement du linéaire	CA/m^2 ou au mètre linéaire Ce calcul permet des comparaisons entre produits, entre UC et dans le temps
Rentabilité du linéaire	$\frac{\text{Bénéfice brut rayon}}{\text{Nombre de mètres linéaires développés}}$
Rentabilité du stock	$\frac{\text{Bénéfice brut}}{\text{Stock moyen en valeur}} \times 100$
Rotation physique du stock	$\frac{\text{Quantités vendues}}{\text{Stock moyen en volume}} \times 100$
Rotation financière du stock	$\frac{\text{CA}}{\text{Stock moyen en valeur}} \times 100$
Indice de sensibilité aux quantités	$\frac{\text{\% quantité vendue}}{\text{\% espace occupé}}$
Indice de sensibilité à la marge brute	$\frac{\text{\% marge brute du rayon}}{\text{\% espace occupé}}$

Remarque : ces deux derniers indices doivent être le plus proches de 1.

3. Tirer les conclusions

Cette analyse doit permettre de décider des évolutions de l'assortiment :
- retrait des produits non rentables
- allocation d'espace supplémentaire
- déplacement du produit pour accroître ses ventes…

106 Créer un document publicitaire

Beaucoup d'entreprises utilisent de nombreux documents imprimés pour assurer la promotion de leurs activités : plaquettes, fiches produits, catalogues, prospectus...

1. Définir Les objectifs

Un document publicitaire doit :
- confirmer l'image de marque de l'entreprise donnée par le vendeur, la presse, les mailings...
- constituer la mémoire d'une prospection et préciser des informations
- séduire
- communiquer :
  - permettre de se présenter
  - annoncer un message

2. Suivre une méthodologie

A- Définir les grandes lignes du support :
- objectifs
- moyens
- format
- nombre de pages
- axe publicitaire...

B - Déterminer les caractéristiques d'identification
- couleurs
- caractères
- images

C- Définir les espaces réservés aux informations
- marges
- images
- titres
- textes

D- Dessiner des croquis de chacune des pages

E- Réaliser une maquette
- au format réel
- avec la couleur si le document final l'utilise
- avec les textes, titres et croquis des images

F- Tester la forme et l'axe publicitaire
- auprès d'un échantillon représentatif
- ordre de lecture
- centres d'intérêts principaux
- axe publicitaire
- contrôle de mémorisation

106 Créer un document publicitaire

G- Rédiger le cahier des charges : document contractuel

- buts (enjeux, cible)
- caractéristiques du support (format, pagination...)
- image de marque (signes, proportion, couleurs)
- planning
- nom des responsables
- points de contrôle en cours de fabrication

H- Réaliser le document

Il s'agit de choisir entre :

- photocopie
- imprimerie

LE NOMBRE DE PAGES	
Recto-verso	Prospectus Fiche technique Feuillet de réactualisation
4 à 8 pages	Plaquette produit Livret de vulgarisation Dépliant
8 à 12 pages	Plaquette institutionnelle Brochure Dossier
> 12 pages	catalogue

LE FORMAT	
Petit	Aspect pratique, guide
Grand	support produit ou institutionnel
En hauteur	classique, format écriture
En largeur	original, format cinéma : invitation, produit nouveau

LES COULEURS

Monochrome : simplicité, confiance, pas de dispersion. Le noir a la meilleure lisibilité, s'adapte à toutes les situations. Pour les autres couleurs, vérifier la lisibilité après photocopie du document.

Polychrome : la couleur doit valoriser.

106 Créer un document publicitaire

3. Mettre en page

Il est important de connaître le sens de lecture.

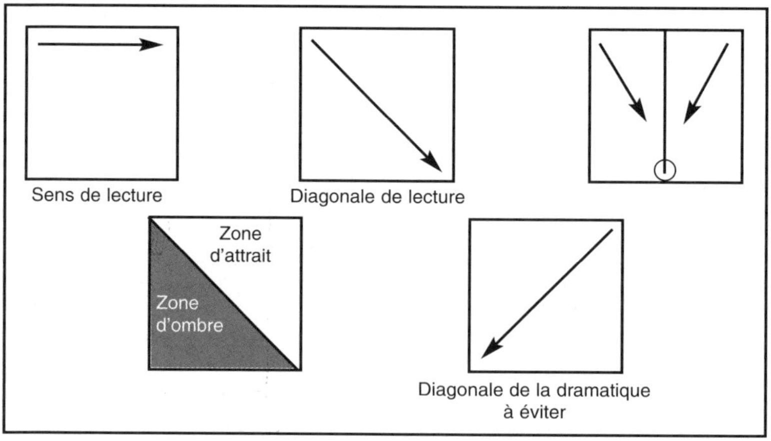

- Le verrouillage permet de conclure : dernière phrase du message

  - en bas à droite de la page verso pour un recto-verso
  - en bas à droite de la 3ème page pour un 4 pages
  - sur la dernière page recto pour les autres

- Les pages importantes :

  - la couverture
  - les pages impaires ou recto sont les pages lues instinctivement (éléments importants, début de chapitre, fin de texte)
  - la page double du milieu pour rompre la monotonie
  - la dernière de couverture permet l'identification de l'émetteur
  - la 2ème de couverture pour imprimeur, concepteur...
  - la page titre : 1ère page impaire de l'intérieur du support
  - la dernière page paire : rien

Créer un document publicitaire 106

4. Utiliser des artifices de présentation

• **Les schémas** sont intéressants à utiliser si le message qu'ils transmettent est très clair : l'explication est-elle beaucoup plus facile à comprendre que si le schéma n'était pas là ?

• **Les graphiques** servent de preuves mathématiques,

• **Les encadrés** font ressortir les idées fondamentales. Ils appuient la démonstration,

• **Les titres** créent l'accroche. En matière publicitaire, ils doivent être mûrement réfléchis pour frapper les esprits et donner envie de lire le reste. Ils suscitent l'émotion.

• **Les marges** doivent être suffisamment importantes pour aérer la présentation et rendre le document agréable à consulter,

• **Le graphisme** : polices, taille, interlignage... doivent être choisis en fonction du message,

• **Le style du texte** est celui d'une argumentation, avec une alternance de phrases longues et courtes. Mieux vaut éviter les énumérations et chercher à enchaîner les idées.

107 Distribuer un document publicitaire

Le document publicitaire imprimé, il reste à le faire parvenir à son destinataire. Plusieurs solutions sont envisageables.

1. Réaliser le routage

Le routage regroupe l'ensemble des opérations de préparation des envois (pliage, assemblage des différents documents, mise sous enveloppe…). Le routage peut être fait par l'entreprise ou confié à une société spécialisée qui peut être chargée de l'ensemble des opérations jusqu'au dépôt au centre de tri. Les coûts varient en fonction du travail demandé (pliage, assemblage, adressage, timbrage…). Si le routeur réalise la préparation complète, il convient de lui transmettre le fichier de l'entreprise afin qu'il réalise l'adressage.

2. Distribuer

3 solutions sont envisageables :

boîte aux lettres		*Dans la rue (piétons, pare-brise)*
envois nominatifs	*envois non adressés*	
Le courrier est obligatoirement acheminé par la poste qui propose un tarif spécial à partir de 400 envois sur le département ou 1000 au niveau national	Les prospectus et autres ISA (imprimés sans adresse) sont distribués sur une zone géographique soit par une société spécialisée, soit par la poste.	La distribution dans la rue est souvent réglementée par des arrêtés municipaux. L'obtention de l'accord des sociétés propriétaires des parkings est obligatoire.

Réaliser un publipostage 108

Le mailing est un outil de plus en plus utilisé dans la gestion de la relation client qui permet de communiquer, prospecter et fidéliser la clientèle dans une relation one-to-one.

1. Définir les objectifs

le mailing est un outil de communication qui doit être cohérent avec l'ensemble de la politique de communication de l'entreprise. Ainsi, les objectifs peuvent être :
- la vente d'un produit ou d'un service,
- le déplacement du client ou prospect au point de vente,
- l'appel téléphonique.

2. Préciser le ciblage

Afin d'adapter le message à la cible, celle-ci doit être clairement identifiée. Les outils informatiques (logiciels de gestion de BDD par exemple) permettent de segmenter la BDD en fonction de critères spécifiques.

3 CRITERES POUR UN BON FICHIER

1- des informations précises et actualisées
2- des données personnalisées (prénom...)
3 -des données RFM (Récence, Fréquence, Montant)

108 Réaliser un publipostage

3. Réaliser le mailing

Le mailing est composé de plusieurs documents : enveloppe, courrier, dépliant, bon de commande, enveloppe T, échantillons... Chacun d'eux sera traité comme un document publicitaire en terme de conception (voir fiche n°106).

10 OCCASIONS D'ENVOI

1- les fêtes (Noël, mère, St Valentin...)
2- l'ouverture d'une UC
3- la création d'un club client
4- l'anniversaire du client
5- l'annonce d'un nouveau service ou produit
6- l'invitation à une démonstration
7- une opération promotionnelle
8- une enquête de satisfaction
9- l'ouverture des soldes
10- l'anniversaire de l'UC

Réaliser un publipostage 108

Les éléments clés d'une lettre accrocheuse

PERSONNALISATION
Pour renforcer l'image que la lettre est unique et véritable.
La personnalisation s'attache à ce que l'on connaît du client ou prospect. Nom, prénom, date de naissance, adresse. Vous pouvez utilisez 1 ou 2 «Madame une telle» mais pas plus. Elle peut s'exprimer par des annotations manuscrites ou encore par un faux numéro de référence de lettre qui paraît véritable.

L'ACCROCHE
Phrase en gros caractère en haut et à droite de la lettre qui doit inciter le lecteur à lire la suite.
L'accroche peut se terminer par des points de suspension, mais dans tous les cas elle doit être précise et ne concerner que votre produit.

APPROCHE CLIENT, PHRASE DE SITUATION
Elles permettent de situer le contexte et de se faire identifier par le lecteur.
Phrase d'introduction sur le pourquoi de votre lettre. Vous pouvez le faire sous forme de questions. Cette phrase est souvent suivie d'un paragraphe de 2 à 5 lignes expliquant le contexte.

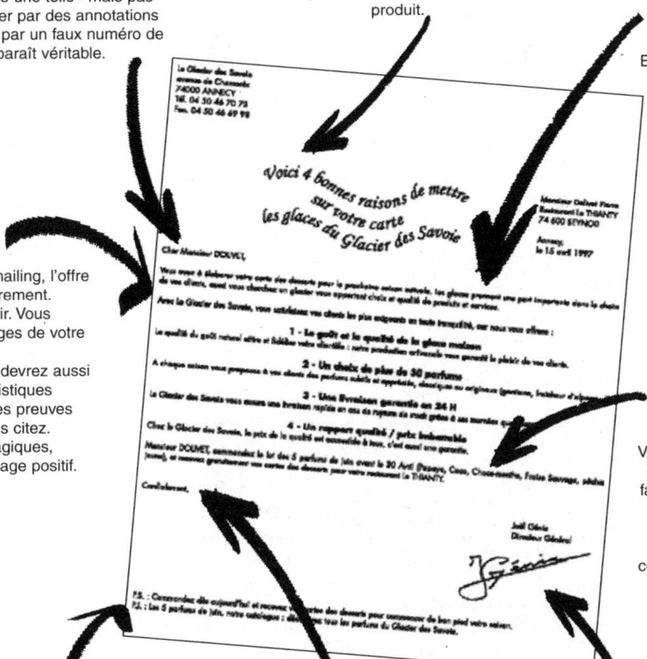

L'OFFRE
Point central de votre mailing, l'offre doit être présentée clairement.
Elle doit susciter le désir. Vous présenterez les avantages de votre produit.
Selon votre cible, vous devrez aussi en afficher les caractéristiques (ex : informatique), et les preuves des avantages que vous citez.
Employez des mots magiques, un ton direct et un langage positif.

ACCÉLÉRATEUR ET DATE BUTOIR
L'accélérateur doit inciter à agir.
Vous devez expliquer ce que votre prospect doit faire pour agir et ce que son geste va déclencher. Les phrases doivent être courtes et rapides à lire.

FORMULE DE POLITESSE
Indispensable mais peu lue.
La formule de politesse doit être rapide mais adaptée à la cible.

LE POST-SCRIPTUM
Le P.S. est très utile car souvent le prospect le lit avant l'accroche. Son objectif est donc de vendre le corps de la lettre.
Le P.S. ne doit pas faire allusion au coupon réponse.
Il présente un argument fort qui donne envie d'en savoir plus.
Il fait allusion à un avantage principal dont on a parlé dans le corps de la lettre ou parle d'un cadeau accélérateur.

SIGNATURE
La signature doit-être si possible lisible et manuscrite et accompagnée des nom, prénom et fonction de la personne qui signe.

109 Organiser une animation

L'animation est un outil de communication dynamique qui permet de développer une bonne image de l'UC auprès de la clientèle et des prospects.

1. Définir les objectifs

Cette étape est essentielle pour définir ensuite les moyens mis en œuvre.

- créer du trafic
- faire consommer plus
- améliorer l'image

2. Définir les moyens

Le choix des moyens à mettre en œuvre varie en fonction des objectifs, de la cible visée et du budget défini pour l'opération.

Moyens techniques	- podium - décoration - sonorisation
Moyens de communication	- ISA - Mailing - Média (presse, radio) - Affichage
Moyens humains	- personnel - animateurs - démonstrateurs
Moyens promotionnels	- échantillons - produits gratuits - cadeaux

Organiser une animation 109

3. Préparer l'animation

La réussite d'une animation dépend des moyens que l'on a choisis mais aussi de sa préparation.
Une bonne organisation nécessite de lister toutes les tâches à réaliser (commandes, fournisseurs…), prévoir les délais de réservation (matériel, animateur, média…), gérer les autorisations administratives (implantation d'un chapiteau), vérifier les règles de sécurité et les réglementations en vigueur (concours, loterie par exemple).
Une planification de l'ensemble est indispensable (voir fiche n°70).

4. Gérer l'animation

L'animation se déroule généralement sur quelques jours.
La réussite de l'opération repose sur la présence d'un personnel motivé (un briefing, voire une formation préalable sont préconisés) souriant et accueillant.
La disponibilité de l'organisateur doit permettre l'accueil des VIP, des journalistes et la gestion des imprévus.

110 Organiser une action promotionnelle

Les entreprises organisent de nombreuses actions promotionnelles. Elles permettent des résultats immédiats sur les ventes, et leur rentabilité est facile à mesurer.

1. Définir les objectifs

L'objectif principal est l'accroissement des ventes à court terme

- augmenter les ventes
- déclencher un premier achat
- fidéliser
- prendre des clients à la concurrence

2. Définir les moyens

Comme dans toute action de communication, les moyens à mettre en œuvre varient en fonction des objectifs, du budget défini par l'UC et de la politique commerciale globale, dans laquelle s'insère l'opération promotionnelle.
Il convient de préciser le cadre de l'opération, les supports et médias à utiliser.

3. Choisir la technique

4 grands types de promotions sont susceptibles d'être utilisés.

Les primes	Elles permettent de fidéliser la clientèle grâce à des lots, des produits en plus...
Les essais et échantillons	Ils permettent de faire découvrir un nouveau produit ou service
Les réductions de prix	Très appréciées des clients, elles coûtent cher à l'UC
Les jeux et concours	Ils créent l'évènement, l'attrait réside dans le lot à gagner

Organiser une action promotionnelle 110

4. Préparer l'opération

La réussite de l'opération, dépend de sa préparation en amont. Une action promotionnelle nécessite une logistique importante et une coordination avec l'ensemble des autres actions de communication qui l'encadrent :
- réservation des supports (affichage par exemple)
- conception des documents publicitaires
- recherche des fournisseurs (cadeaux)
- démarches administratives (autorisations diverses)
- étude de la réglementation en vigueur
- recherche des animateurs
- aménagement du lieu de vente
- ...

5. Gérer l'opération

L'opération promotionnelle est limitée à quelques jours. Il est indispensable de prévoir l'organisation de ces journées à forte affluence comme pour une animation (voir fiche n°109).

111 Etudier la rentabilité

La marge nette est un indicateur de la rentabilité. Il est important pour le manager d'étudier l'influence du niveau d'activité sur la rentabilité.

1. Distinguer les charges fixes et les charges variables

Une analyse différentielle s'appuie sur ce critère de variabilité et distingue les charges fixes des charges variables.

Les charges variables

Ce sont les charges qui évoluent en fonction du niveau d'activité de l'unité commerciale telles que :
- achats de marchandises
- frais sur achats
- commissions sur les ventes
- frais de livraison aux clients...

Les charges fixes

Appelées charges de structure, elles ne sont pas liées au niveau d'activité et restent donc constantes pour une structure donnée :
- loyer, chauffage, entretien, éclairage
- rémunérations : salaires fixes et charges sociales afférentes
- dotation aux amortissements
- intérêts des emprunts...

L'analyse différentielle fait alors apparaître le résultat ou marge nette en 2 étapes.

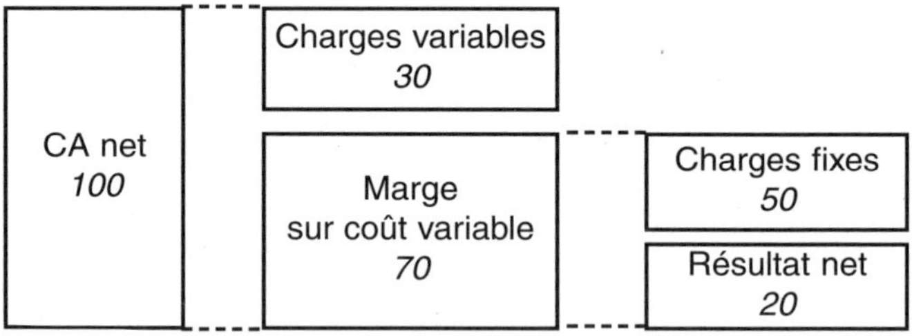

La marge sur coût variable est aussi exprimée en %.

Taux de marge sur coût variable = $\frac{\text{Marge sur coût variable}}{\text{CA}} \times 100$

soit : $\frac{70}{100} \times 100 = 70\ \%$

2. Calculer le seuil de rentabilité (SR)

C'est le niveau de CA pour lequel le résultat est égal à zéro.

D'après le schéma précédent :

Résultat = marge sur coût variable - charges fixes
soit 0 = marge sur coût variable - charges fixes

On obtient donc au seuil de rentabilité :

Marge sur coût variable (MSCV) = Charges fixes

ou $$SR = \frac{CF}{\text{Taux de MSCV}}$$

Dans notre exemple, on obtient $\frac{50}{0{,}70} = 71$

Le seuil de rentabilité est aussi exprimé en volume

$$\frac{SR}{\text{Prix de vente unitaire}} \quad \text{ou} \quad \frac{\text{Charges fixes}}{\text{MSCV unitaire}}$$

Le point mort est la date à laquelle le seuil de rentabilité est atteint.

N = Nombre de jours $$N = \frac{SR \times 360}{\text{CA annuel}}$$

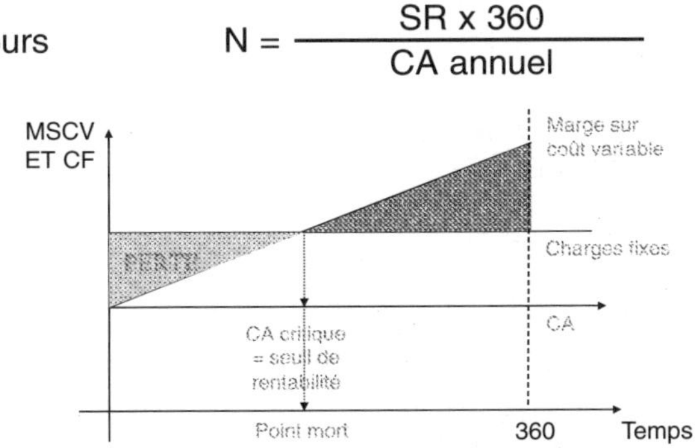

5ème partie

Annexes

Tableau des compétences

1

Les compétences à mettre en œuvre lors du stage d'ACRC sont définies au référentiel.

COMPETENCES	UNITÉS	**U5** Analyse et conduite de la relation commerciale
C1 Manager une équipe commerciale	C12 Organiser le travail	Correspondance totale
C2 Gérer une unité commerciale	C21 Assurer le fonctionnement de l'unité commerciale	Correspondance partielle
C4 Maîtriser la relation avec la clientèle	C41 Vendre	Correspondance totale
	C42 Assurer la qualité de service à la clientèle	Correspondance totale
C5 Gérer l'offre de produits et de services	C51 Elaborer une offre commerciale adaptée à la clientèle	Correspondance partielle
	C52 Gérer les achats et les approvisionnements	Correspondance partielle
	C53 Mettre en place un espace commercial attractif et fonctionnel	Correspondance partielle
	C54 Dynamiser l'offre de produits et de services	Correspondance totale
C6 Rechercher et exploiter l'information nécessaire à l'activité co mmerciale	C61 Assurer la veille commerciale	Correspondance totale
	C62 Réaliser des études commerciales	Correspondance totale
	C63 Enrichir et exploiter le système d'information commercial	Correspondance totale
	C64 Intégrer les technologies de l'information dans son activité	Correspondance totale

Légende		
	Correspondance totale	Correspondance partielle

1 Tableau des compétences

COMPETENCES MISES EN OEUVRE « Etre capable de .... »	
C1 – MANAGER UNE ÉQUIPE COMMERCIALE	
C12 – Organiser le travail.	121- Répartir les tâches 122- Gérer le temps 123- Animer l'équipe 124- Évaluer l'organisation du travail de l'équipe
C2 – GÉRER UNE UNITÉ COMMERCIALE	
C21 Assurer le fonctionnement de l'unité commerciale	211 -Suivre le cycle d'exploitation 212 -Organiser la maintenance, l'entretien et le renouvellement des équipements 213- Traiter les incidents
C4 - MAÎTRISER LA RELATION AVEC LA CLIENTÈLE	
C41 - Vendre	411 - Préparer l'entretien de vente 412 – Établir le contact avec le client 413 – Argumenter 414 – Conclure la vente
C42 - Assurer la qualité de service à la clientèle	421 - Accueillir, informer et conseiller 422 - Gérer les insatisfactions et les suggestions de la clientèle 423 - Suivre la qualité des prestations
C5 GÉRER L'OFFRE DE PRODUITS ET DE SERVICE	
C51 Elaborer une offre commerciale adaptée à la clientèle	511 Analyser l'offre existante 512 Adapter l'offre
C52 Gérer les achats et les approvisionnements	521 Assurer la qualité du processus d'approvisionnement 522 Sélectionner les fournisseurs 523 Négocier les achats
C53 Mettre en place un espace commercial attra ctif et fonctionnel	531 Agencer la surface de vente 532 Mettre en valeur les produits et assurer la visibilité des services 533 Assurer la qualité de l'information sur le lieu de vente
C54 Dynamiser l'offre de produits et de services	541 Organiser des actions de promotion des ventes 542 Organiser des animations sur le lieu de vente
C6 RECHERCHER ET EXPLOITER L'INFORMATION NÉCESSAIRE A L'ACTIVITÉ COMMERCIALE	
C63- Enrichir et exploiter le système d'information commercial	631 Mettre à jour les données du système d'information commercial 632 Interroger le système d'information commercial
C64- Intégrer les technologies de l'information dans son activité	641 Organiser son activité 642 Organiser l'activité de l'équipe commerciale

Tableau des compétences

1

Dans le cadre :

- d'un contexte professionnel donné,
- de la politique commerciale de l'entreprise et de l'unité commerciale,
- de la politique des ressources humaines de l'entreprise.
- d'un système d'information mercatique,
- d'une situation de marché,
- d'une offre globale : produit ou service principal, produits et services associés
- de la politique de communication interne de l'entreprise,
- de la politique financière de l'entreprise,
- de la politique d'investissement de l'entreprise,
- des contraintes de rentabilité de l'entreprise
- d'un contexte de commercialisation donné,
- d'un environnement donné
- d'objectifs commerciaux et mercatiques
- des caractéristiques de l'unité commerciale
- d'un environnement informatique donné
- d'une situation de travail réelle, reconstituée ou simulée
- d'un objectif d'étude fixé ou négocié avec les responsables
- d'une situation nécessitant des informations
- du suivi et de l'alimentation courante du système de veille de l'unité commerciale

2 Tableau des savoirs associés

SAVOIRS ASSOCIÉS	UNITÉS	U5 Analyse et conduite de la relation commerciale
S4 Mercatique	S41 les bases de la mercatique	Correspondance totale
	S42 la relation commerciale	Correspondance totale
S5 Management des UC	S53 le management de l'équipe de l'unité commerciale	Correspondance partielle
	S54 organisation de l'équipe	Correspondance totale
S6 Gestion des unités commerciales	S61 gestion courante de l'unité commerciale	Correspondance partielle
	S63 gestion de l'offre de l'unité commerciale	Correspondance partielle
	S65 évaluation des performances de l'unité commerciale	Correspondance partielle
S7 Communication	S71 introduction à la communication	Correspondance totale
	S72 la communication dans la relation interpersonnelle	Correspondance totale
	S73 la communication dans la relation managériale	Correspondance totale
	S74 la communication dans la relation commerciale	Correspondance totale
S8 Informatique commerciale		Correspondance partielle

Légende		
	Correspondance totale	Correspondance partielle

Tableau des savoirs associés 2

SAVOIRS

S41 - Les bases de la mercatique
- ♦ 411- La démarche mercatique
- ♦ 412- Le marché des produits et services

S42 - La relation commerciale
- ♦ 421- La relation commerciale et son contexte
- ♦ 422- La relation commerciale et le marché
- ♦ 423- La relation commerciale et la mercatique opérationnelle de l'unité commerciale
- ♦ 424- Le contexte organisationnel de la relation commerciale
- ♦ 425- L'évaluation des performances

S53 - Le management de l'équipe de l'unité commerciale
- ♦ 531- Le contexte réglementaire
- ♦ 532- L'équipe commerciale

S54 - L'organisation de l'équipe
- ♦ 541- L'organisation du travail de l'équipe
- ♦ 542- L'animation de l'équipe

S 61 - Gestion courante de l'unité commerciale
- ♦ 611 - Le cycle d'exploitation
- ♦ 612 - Les opérations de règlement
- ♦ 613 - Les relations avec les banques
- ♦ 614 - Les stocks
- ♦ 615 - La trésorerie
- ♦ 616 - L'analyse de l'exploitation

S63 - Gestion de l'offre de l'unité commerciale
- ♦ 631 - Les coûts dans l'unité commerciale
- ♦ 632 - La fixation des prix

S65 - Evaluation des performances de l'unité commerciale
- ♦ 651 - Tableaux de bord
- ♦ 652 - Gestion des risques

2 Tableau des savoirs associés

S71 - Introduction à la communication

S72 - La communication dans la relation interpersonnelle
- ♦ 721 - les acteurs de la communication
- ♦ 722 - les relations entre les acteurs
- ♦ 723 - l'impact de l'environnement social
- ♦ 724 - l'efficacité relationnelle
- ♦ 725 - la communication professionnelle : règles et outils

S73 - La communication dans la relation managériale
- ♦ 731 - les spécificités de la communication managériale

S74 - La communication dans la relation commerciale
- ♦ 741 - le diagnostic de la situation de relation commerciale
- ♦ 742 - les spécificités de la communication dans la relation commerciale

S82 - L'organisation de l'information :
- ♦ 821 - L'organisation des informations
- ♦ 822 - L'organisation physique et matérielle
- ♦ 823 - Le poste de travail du commercial

S84 - Informatique appliquée à la gestion de la relation avec la clientèle :
- ♦ 841 - Qualification des données clientèle
- ♦ 842 - La segmentation de la clientèle
- ♦ 843 - Les actions personnalisées
- ♦ 844 - Les études et enquêtes

S85 - Informatique appliquée à la gestion de l'offre :
- ♦ 853 - la mise en place de l'offre dans l'unité commerciale

S87 - Présentation et diffusion de l'information commerciale
- ♦ 871 - La définition de l'identité graphique de l'unité commerciale
- ♦ 872 - L' élaboration des supports de communication
- ♦ 873 - Les modalités de la diffusion de l'information commerciale

CONTENU DE L'ANNEXE PEDAGOGIQUE

La convention de stage comporte en outre une annexe pédagogique qui précise :

- les objectifs poursuivis libellés en termes de compétences à acquérir ou à approfondir,

- les modalités prévues pour atteindre les objectifs pré cités (responsabilités et missions confiées au stagiaire),

- les informations que l'entreprise ou l'organisation s'engage à fournir afin d'aider le stagiaire dans son travail,

- les conditions matérielles de déroulement du stage (lieu(x), conditions d'utilisation du matériel mis à disposition, horaires),

- les modalités de tutorat (nom du tuteur au sein de l'entreprise ou de l'organisation d'accueil, modalités de suivi du stagiaire par ce tuteur),

- les modalités d'échange entre le représentant de l'entreprise ou de l'organisation d'accueil, le tuteur et l'équipe pédagogique (fréquence et dates des visites du représentant de l'équipe pédagogique au sein de l'entreprise ou de l'organisation d'accueil, procédures d'échanges d'informations en cas de difficultés rencontrées par le stagiaire…),

- les modalités de l'évaluation conjointe (équipe pédagogique, représentant de l'entreprise ou de l'organisation d'accueil, tuteur, stagiaire) de la période de stage.

4 Certificat de stage

BTS MANAGEMENT DES UNITES COMMERCIALES
SESSION 2006

CERTIFICAT DE STAGE D'ACRC

➢ **STAGIAIRE :** **NOM :** ____ **PRENOM(S):** ____ **Né(e) le :** ___/___/___ à ____ **SIGNATURE :**	➢ **ETABLISSEMENT SCOLAIRE :** **NOM :** ____ **ADRESSE :** ____ ____ _ **TELEPHONE:** ____ **TELECOPIEUR :** ____ *(apposer le cachet de l'établissement de formation)*

➢ **PERIODES DE STAGE EFFECTUEES PAR LE STAGIAIRE :**

1/ MISSIONS PREPARATOIRES ET DE SUIVI **Rappel:** 20 demi-journées maximum et 10 minimum	Nombre de demi-journées

2/ PERIODES D'IMMERSION TOTALE **Rappel: 5 semaines au minimum**	Nombre de journées ouvrables	Nombre de semaines
DU .... AU..............		
DU .... AU..............		
DU .... AU..............		
TOTAL EFFECTUE EN PREMIERE ANNEE		

➢ **ENTREPRISE :** **RAISON SOCIALE :** ____ **NUMERO DE SIRET :** ____ **ADRESSE: :** ____ ____ **TELEPHONE :** ____ **FAX :** ____ **Mail:** ____	➢ **TUTEUR :** **NOM :** ____ **ADRESSE DE L'UNITE COMMERCIALE :** ____ ____ **TELEPHONE :** ____ **FONCTION :** ____ **SIGNATURE :** *(apposer le cachet de l'entreprise)*

Attestation de cumul des périodes de stage

5

BTS MANAGEMENT DES UNITES COMMERCIALES
SESSION 2006

ATTESTATION DE CUMUL
(PERIODES DE STAGE - PREMIERE ET DEUXIEME ANNEE)

➢ **STAGIAIRE :** NOM : ____ PRENOM(S): ____ Né(e) le : ___/___/___ à ____ SIGNATURE :	➢ **ETABLISSEMENT SCOLAIRE :** NOM : ____ ADRESSE : ____ ____ TELEPHONE: ____ TELECOPIEUR : ____ *(apposer le cachet de l'établissement de formation)*

➢ PERIODES DE STAGE DE PREMIERE ANNEE (ACRC) EFFECTUEES PAR LE STAGIAIRE :

MISSIONS PREPARATOIRES ET DE SUIVI	Nombre de demi-journées :

PERIODES D'IMMERSION TOTALE	Nombre de journées ouvrables	Nombre de semaines
DU .... AU..............		
DU .... AU..............		
DU .... AU..............		
TOTAL		

➢ **ENTREPRISE :** RAISON SOCIALE : ____ NUMERO DE SIRET : ____ ADRESSE: : ____ ____ TELEPHONE : ____ FAX : ____ Mail: ____	➢ **TUTEUR :** NOM : ____ ADRESSE DE L'UNITE COMMERCIALE : ____ ____ TELEPHONE : ____ FONCTION : ____ SIGNATURE : *(apposer le cachet de l'entreprise)*

5 Attestation de cumul des périodes de stage

➢ PERIODES DE STAGE DE DEUXIEME ANNEE (PDUC) EFFECTUEES PAR LE STAGIAIRE :

MISSIONS PREPARATOIRES ET DE SUIVI	Nombre de demi-journées :

PERIODES D'IMMERSION TOTALE	Nombre de journées ouvrables	Nombre de semaines
DU .... AU...............		
DU .... AU...............		
DU .... AU...............		
TOTAL		

➢ ENTREPRISE :	➢ TUTEUR :
RAISON SOCIALE : ______	NOM : ______
NUMERO DE SIRET : ______	ADRESSE DE L'UNITE COMMERCIALE : ______ ______
ADRESSE: : ______ ______	TELEPHONE : ______
TELEPHONE : ______	FONCTION : ______
FAX : ______	SIGNATURE : *(apposer le cachet de l'entreprise)*
Mail: ______	

➢ CUMUL

MISIONS PREPARATOIRES ET DE SUIVI DES DEUX ANNEES	TOTAL CUMULE *(demi-journées)*

PERIODES D'IMMERSION TOTALE DES DEUX ANNEES	TOTAL CUMULE *(jours ouvrables)*	TOTAL CUMULE *(semaines)*

Attestation de conformité du contenu du dossier aux activités et missions réellement confiées

6

BTS MANAGEMENT DES UNITES COMMERCIALES
SESSION 2006
EPREUVE D'ANALYSE ET CONDUITE DE LA RELATION COMMERCIALE

ATTESTATION DE CONFORMITE DU DOSSIER D'ACRC

<table>
<tr><td colspan="2"><u>STAGIAIRE</u> :
Nom :
Prénom :</td><td><u>UNITE COMMERCIALE</u> :
Raison sociale :
Adresse :</td></tr>
<tr><td colspan="3">MISSIONS ET ACTIVITES PONCTUELLES DANS LE CADRE DES RELATIONS AVEC LA CLIENTELE (1)</td></tr>
<tr><td colspan="3">MISSIONS</td></tr>
<tr><td>Fiche Bilan N°</td><td colspan="2">Intitulé de la mission</td></tr>
<tr><td></td><td colspan="2"></td></tr>
</table>

ACTIVITES PONCTUELLES
Nature de l'activité

(1) voir au verso « missions et activités ponctuelles dans le cadre du management opérationnel »

1/2

6 Attestation de conformité du contenu du dossier aux activités et missions réellement confiées

MISSIONS ET ACTIVITES PONCTUELLES DANS LE CADRE DU MANAGEMENT OPERATIONNEL DE L'EQUIPE COMMERCIALE	
MISSIONS	
Fiche Bilan N°	**Intitulé de la mission**

ACTIVITES PONCTUELLES
Nature de l'activité

CERTIFICATION DE L'ENSEMBLE DES MISSIONS ET ACTIVITES FIGURANT SUR CE DOCUMENT	
Signature du tuteur et cachet	**Signature du formateur et cachet**

2/2

Liste de contrôle de l'épreuve d'ACRC

BTS MANAGEMENT DES UNITES COMMERCIALES
SESSION 2006

LISTE DE CONTROLE ACRC

NOM ET PRENOM DUCANDIDAT :...
NUMERO DE MATRICULE :...

ELEMENTS VERIFIES	CONFORMITE		Pièces manquantes
	OUI	NON	
Dépôt du dossier			
Conformité de l'unité commerciale d'accueil			
➢ Activité : proposition de biens et/ou de services à une clientèle de particuliers ou de professionnels			
Structure du stage			
➢ Missions professionnelles préparatoires et de suivi			
➢ Périodes d'immersion totale en entreprise			
Durée du stage - *Certificat de stage*			
➢ 10 à 20 demi-journées			
➢ 5 semaines minimum			
Attestation de réalisation de contrat			
Conformité du dossier (*Attestation de conformité*)			

Date contrôle :..........................

Visa contrôle

Les pièces manquantes et ou à régulariser sont à fournir au plus tard le jour de l'épreuve

Important : en cas de dossier non régularisé au plus tard le jour de l'épreuve, le candidat ne sera pas autorisé à passer l'épreuve d'ACRC.

8 Utilisation du Système d'Information Commerciale

BTS MANAGEMENT DES UNITES COMMERCIALES
SESSION 2006
EPREUVE D'ANALYSE ET CONDUITE DE LA RELATION COMMERCIALE

UTILISATION DU SYSTEME D'INFORMATION COMMERCIALE **Fiche n°:.......**	
STAGIAIRE : Nom : Prénom :	**UNITE COMMERCIALE :** Raison sociale : Adresse :
➢ **Besoin d'utilisation du système d'information commerciale :**	
➢ **Résultat(s) obtenu(s) :**	
➢ **Données utilisées (origine, mode d'accès, traitement, etc.) :**	
➢ **Ressources mobilisées (matérielles, logicielles, etc.) :**	
➢ **Fonctionnalités du (des) logiciel(s) mises en œuvre :** • **logiciel 1 :** • **logiciel 2 :** •	
➢ **Contrôle, stockage et diffusion des résultats :**	
Compétences : ☐ 631 ☐ 641 ☐ 632 ☐ 642	**Savoirs :** ☐ 821 ☐ 822 ☐ 823 ☐ 841 ☐ 842 ☐ 843 ☐ 844 ☐ 853 ☐ 871 ☐ 872 ☐ 873

Récapitulatif des activités ponctuelles et des missions confiées dans le cadre des relations avec la clientèle 9

BTS MANAGEMENT DES UNITES COMMERCIALES
EPREUVE D'ANALYSE ET CONDUITE DE LA RELATION COMMERCIALE
SESSION 2006

RECAPITULATIF DES ACTIVITES PONCTUELLES ET DES MISSIONS CONFIEES DANS LE CADRE DES RELATIONS AVEC LA CLIENTELE	
STAGIAIRE : Nom : Prénom :	**UNITE COMMERCIALE** : Raison sociale : Adresse :

FICHES BILAN							
N° de fiche	INTITULE DE LA MISSION	C21	C41	C42	C5	C63	C64

ACTIVITES PONCTUELLES						
INTITULE DE L'ACTIVITE	C21	C41	C42	C5	C63	C64

10 Fiche bilan

BTS MANAGEMENT DES UNITES COMMERCIALES
SESSION 2006
EPREUVE D'ANALYSE ET CONDUITE DE LA RELATION COMMERCIALE

Fiche BILAN n°.......

- ☐ **RELATIONS AVEC LA CLIENTELE**
- ☐ **MANAGEMENT OPERATIONNEL DE L'EQUIPE COMMERCIALE**

(cocher la ou les cases concernées par la mission)

STAGIAIRE : Nom :............... .... Prénom :	**UNITE COMMERCIALE :** Raison sociale : .... Adresse : ....
Intitulé de la mission :	**Période :**

COMPETENCES MISES EN OEUVRE			**SAVOIRS ASSOCIES MOBILISES**		
C12	Organiser le travail		**S41**	Les bases de la mercatique	
C21	Assurer le fonctionnement de l'UC		**S421**	La relation commerciale et son contexte	
C41	Vendre		**S422**	La relation commerciale et le marché	
C42	Assurer la qualité de service à la clientèle		**S423**	La relation commerciale et la mercatique opérationnelle de l'unité commerciale	
C51	Elaborer une offre commerciale adaptée à la clientèle		**S424**	Le contexte organisationnel de l'unité commerciale	
C52	Gérer les achats et les approvisionnements		**S425**	L'évaluation des performances	
C53	Mettre en place un espace commercial attractif et fonctionnel		**S531**	Le contexte réglementaire	
C54	Dynamiser l'offre de produits et de services		**S532**	L'équipe commerciale	
C63	Enrichir et exploiter le système d'informations commerciales		**S54**	L'organisation de l'équipe	
C64	Intégrer les technologies de l'information dans son activité		**S61**	Gestion courante de l'UC	
			S63	Gestion de l'offre de l'UC	
			S65	Evaluation des performances de l'UC	
			S7	Communication	
			S82	L'organisation de l'information	
			S84	Informatique appliquée à la gestion de la relation avec la clientèle	
			S853	La mise en place de l'offre dans l'UC	
			S87	Présentation et diffusion de l'information commerciale	

Utilisations du système d'information commerciale

Fiche(s) d'utilisation du système d'information commerciale n°:

ANALYSE SYNTHETIQUE DE LA MISSION

(contexte, degré d'autonomie, taille de l'équipe, objectifs, ressources, activités réalisées,....)

Suite au verso

Fiche bilan

AUTO EVALUATION

11 Récapitulatif des activités ponctuelles des missions confiées dans le cadre du management opérationnel de l'équipe commerciale

BTS MANAGEMENT DES UNITES COMMERCIALES
EPREUVE D'ANALYSE ET CONDUITE DE LA RELATION COMMERCIALE
SESSION 2006

RECAPITULATIF DES ACTIVITES PONCTUELLES ET DES MISSIONS CONFIEES DANS LE CADRE DU MANAGEMENT OPERATIONNEL DE L'EQUIPE COMMERCIALE	
STAGIAIRE : Nom : Prénom :	**UNITE COMMERCIALE :** Raison sociale : Adresse :

FICHES BILAN					
N° de fiche	INTITULE DE LA MISSION	C12	C21	C63	C64

ACTIVITES PONCTUELLES				
INTITULE DE L'ACTIVITE	C12	C21	C63	C64

Grille d'évaluation 12

BTS MANAGEMENT DES UNITES COMMERCIALES
Session 2006
EPREUVE D'ANALYSE ET CONDUITE DE LA RELATION COMMERCIALE - E5 *(durée 45 minutes)*

CANDIDAT : **Nom :** .... **Prénom(s)** : .... **Matricule** :...	**Date** : .... ☐ Matin ☐ Après midi **Commission n°**:............................

A/ DEROULEMENT DE L'EPREUVE

Partie 1 – PRESENTATION DU CADRE DES ACTIVITES PROFESSIONNELLES	--	-	+	++
Présentation de l'unité commerciale (sous l'angle commercial et organisationnel)				
Présentation du système d'information commerciale				

Observations de la commission sur la présentation par le candidat et au cours de l'entretien ::

Partie 2 – TRAITEMENT D'UN PROBLEME COMMERCIAL **sujet :**..	--	-	+	++
❖ Traitement du thème (question 1)				
❖ Résolution du problème (question 2)				
❖ Synthèse et élargissement en relation avec les missions (question 3)				

Observations de la commission sur la présentation par le candidat et au cours de l'entretien :

Partie 3 – MISSIONS ET ACTIVITES	--	-	+	++
Les missions et activités				
Les connaissances mobilisées à l'occasion de l'expérience en entreprise				

NUMEROS DES FICHES BILAN SUPPORTS DE L'ENTRETIEN :

Observations de la commission :

B/ ANALYSE DES MISSIONS ET ACTIVITES

COMPETENCES MISES EN ŒUVRE			SAVOIRS ASSOCIES MOBILISES		
C12	Organiser le travail		S41	Les bases de la mercatique	
C21	Assurer le fonctionnement de l'UC		S421	La relation commerciale et son contexte	
C41	Vendre		S422	La relation commerciale et le marché	
C42	Assurer la qualité de service à la clientèle		S423	La relation commerciale et la mercatique opérationnelle de l'unité commerciale	
C51	Elaborer une offre commerciale adaptée à la clientèle		S424	Le contexte organisationnel de l'unité commerciale	
C52	Gérer les achats et les approvisionnements		S425	L'évaluation des performances	
C53	Mettre en place un espace commercial attractif et fonctionnel		S531	Le contexte réglementaire	
C54	Dynamiser l'offre de produits et de services		S532	L'équipe commerciale	
C63	Enrichir et exploiter le système d'informations commerciales		S54	L'organisation de l'équipe	
C64	Intégrer les technologies de l'information dans son activité		S61	La gestion courante de l'UC	
			S63	La gestion de l'offre de l'UC	
			S65	L'évaluation des performances de l'UC	
			S7	La communication	
			S82	L'organisation de l'information	
			S84	L'informatique appliquée à la gestion de la relation avec la clientèle	
			S853	La mise en place de l'offre dans l'UC	
			S87	La présentation et la diffusion de l'information commerciale	

Observations sur le contenu des activités et missions à partir du dossier, des éléments apportés par le candidat et de l'entretien:

C/ SYNTHESE ET NOTATION

CRITERES D'EVALUATION DU CANDIDAT	--	-	+	++
Maîtrise des connaissances et des savoirs faire mobilisés				
Adaptation des méthodes et des outils aux situations professionnelles				
Qualité de l'analyse du système d'information et maîtrise des outils informatiques				
Qualité de l'analyse du contexte local de l'UC				
Qualité de l'analyse des situations professionnelles				
Diversité des missions exercées et degré de couverture du champ professionnel				
Responsabilité et autonomie dans les missions menées				
Qualité de la communication orale du candidat				

COMMENTAIRE SUR L'ENSEMBLE DE LA PRESTATION (justification de la note)

NOTE SUR 20[(1)]

(1) note arrondie au demi point

Membres de la commission :	Signatures :